U0100573

大展好書　好書大展

品嘗好書　冠群可期

大展好書　好書大展
品嘗好書　冠群可期

鑑往知來 2

『史記』給現代人的啟示

陳義 主編

大展出版社有限公司

前言

在二十一世紀來臨的今天，我們所面臨的，是一個急遽變化的時代。世界固然如此，就是我們的國家、商場、家庭和一般人的日常生活，也莫不隨著而有了很大的改變，因為這樣，更導致人們價值觀的不同，這些改變來得如此迅速而劇烈，所以在人與人相處的人際關係上，造成了難以調適的困難。

對這樣的情形，我們該採取什麼因應措施，才能使自己能有個圓通、順利的人生呢？我們以為古籍將能為我們提供許多資訊和答案。

所謂「鑑往知來」，即明識往事，可以推知未來。例如，我們閱讀史書，多識古事，可以鑑往知來，有助於做人、做事，甚至為政治國。

在古籍裡，無論歷史著作、文學作品、哲學思想、處世訓誡，或兵法，都是經過激烈的政治環境的變化過程而完成的，因此，書中的人物透過作者的文筆，呈現出來的思想，是很可以作為我們參考的。何況，這些古籍都經過悠久歷史的考驗，而被流傳下來，自然最能為我們提供適應生存與變化的學問。

另外，古籍作品的可貴在於，在這些著作裡，它雖然表現出彈性的風貌，以期能適應中國長期以來政治變化多且大的環境，但是，在這些著作的精神裡層，每一部不同的書籍，都還保持著它們自己的主觀性的個性。

對現代的人們而言，我們所要探討的主題之一，是有關於心的問題。

……被周圍物質環境所包圍的空虛的心。

……很難再以合理的方式去抓住人們的心。

生活在今天的社會，雖然物質生活不虞匱乏，但是，許多人多多少少曾遭遇過有關心靈的問題。而在這一方面，古籍是能有所幫助的。因為，時代、社會制度雖然在改變，然而人的心靈卻終究是不大有變化的，而古籍卻能幫助我們透徹的了解到心的深處。

這就是為什麼在醫藥如此發達的現代，而中國醫藥的方法仍被世人重視的原因。中國的醫藥重於改變體質，可以使現代醫學難以治療的慢性病痊癒。我們以為，古籍也能將現代人有病的心，予以治癒。

這套叢書就是以這樣的觀點，將歷史、思想、文學等古典作品集合起來，希望給現代社會帶來一些貢獻。

古籍相當繁多，我們擇取與現代社會有關的作品，並從此作品中選出意義較深的名言，加以解釋和說明，這也可以說是抽取精義的一種作法。

經歷了數百年，甚至數千年考驗的先人的遺產，若對今日社會人心的智慧有所啟發。或以之作為人生的指南針，為人們帶來些心靈的安靜，或對諸位有任何幫助，這是本叢書出版者最高興和光榮的事。

編著群

目錄

解　題

關於史記

這是一本中國古代的歷史書籍，它所記載的內容，上自太古時代，下至作者司馬遷所生的那個時代。雖然司馬遷死於那一年已不可考，但一般的說法都以為是在西元前八十六年，若是這樣，那麼史記一書所記載的史事，其範圍應該是從西元前二世紀到漢武帝為止。

而「史記」一書中最為精彩的部份是所謂的傳說時代以後，能以文字正確紀錄史事的部份。整本史記，就其結構而言，是具有獨創性的創作，這也是能夠成為中國正史的一個原因。全書的體例分為：「本紀」、「世家」、「列傳」、「書」、「表」等五類，分別加以敘述。

按著司馬遷這樣的分類看來，我們可以說他是將中國古代社會的階級，列成一個金字塔形，從上面依次分為五個階段：

最頂上的第一層是天子。司馬遷按每一王朝的順序依次記載出他們的歷史而寫成「紀」，例如：「殷本紀」、「周本紀」、「秦本紀」等，此類共十二卷。

接在天子之下的一層是封有土地的諸侯。在寫到漢代部份的時候，除了有封地的諸侯之外，連大臣(卿)也包括進去，這一部份的歷史稱為「世家」，如「吳太伯世家」、「齊太公世家」、「衛康叔世家」等。其中唯「孔子世家」為特例。世家一類共三十卷。

第三層是寫將軍、大夫、思想家等的歷史。古代所稱卿、大夫、士大致有其固定的順序，但是因朝代的不同，有時也有不同的排列和意義。

第四層的階級是包括從事占卜的巫師、遊俠之徒、醫師，以及豪門望族等人。司馬遷將第三和第四兩類的人中有特殊事蹟的，加以紀錄下來。寫成「列傳」七十卷。這也是全本史記中最重要的部份。因為在「列傳」這一類的體例中，司馬遷對第四層階級人物的記載，賦予他自己的看法，也因為這樣，一般人將史記並不只看作是一本史學著作，更把它視為具有改變歷史概念的一本書。例如，遊俠列傳序中說：「至如閭巷之俠，修行砥名，聲施於天下，莫不稱賢，是為難耳。然儒墨皆排擯不載，自秦以前，匹夫之俠湮滅不見，余甚恨之。」從這段文字中，我們可以明確的看出，司馬遷是以歷史家的目的意識來從事選寫列傳。

第五層是指一般庶民，而庶民中有特出事蹟的，已經包括在第四層的那一個階級了。

因為在寫作上有著這樣的一個架構，所以史記中的每一件事，莫不透過天子的眼光，諸侯的眼光，以及那些沒有權力的「列傳」中描寫的人物的眼光，做多角度的、複合性的判斷，這是一種複雜的、交錯的歷史潮流。所以，以這種玄體性的方法所寫成的史記，可以說是極為客觀的一本書。

為了使人瞭解「本紀」、「世家」、「列傳」的時代背景，又編寫了「表」「年表」共十卷。

又將禮、樂等制度及天文、物理、律曆及地理各方面的事記下寫成「書」這一類，共八卷。

後代研究歷史的人，根據史記的結構從「本紀」、「列傳」兩種體例中各取一字，而命之為「紀傳體」。

史記一書共有一三〇卷，五十二萬六千五百字。

關於司馬遷

許多人不免會疑惑，司馬遷在寫史記時，運用了許多的資料，而那些古代的資料，他是如何獲得的呢?關於這項疑問是很容易解釋的。因為司馬遷的父親為漢武帝時的太史令，太史令是史官之長，司馬遷除了家學淵源，更繼承父親為太史令。史官是以忠實紀錄史事為其職責。其忠實的程度又是如何的呢？史記「齊太公世家」中很自然的記載著這樣的一件事：

春秋時代，齊國的大夫崔杼殺死了和自己妻子私通的莊公。史官將此事記下為「崔杼弒莊公」。弒是指下殺上的意思。崔杼知道了非常生氣，將史官殺掉。後來，史官之弟又是這樣紀錄著。崔杼也把他殺了。那史官的幼弟知道了，也照樣的寫著，又被殺了，最後崔杼才放棄，不管史官所記，而這段史事的紀錄才被保留了下來。

除此之外，在「左傳」中也有類似記載。根據左傳一書中說，當發生崔杼殺了史官的事後，其他地方上的史官都帶著自己記事的版片，趕到國都去，準備為了忠於史事的紀錄，而奉獻自己的生命。在當時，史官的地位雖不高，但是，他們都將忠實的紀錄看作是榮譽和人生最有價值的事。

司馬遷是在西元前一百四十五年出生於陝西省的夏陽，就是今天的陝西省韓城縣芝川鎮。父親司馬談為太史令，那是在司馬遷六歲的時候。司馬談喜論「黃老之學」，這對司馬遷的思想影響很大。

司馬遷十歲就能背誦古文，到了二十歲，並不像當時的其他青年人一樣，他周遊了中國大江南北，足跡遍及了漢朝的全域。

司馬談很早就想讓司馬遷來繼承自己太史令的職位，因此，司馬遷的家教中有著這方面的準備。

而在司馬遷的想法中，順承親意，繼志述事是一生中最重要的事。

西元前一一〇年，武帝在泰山舉行封禪的儀式，做為太史令的司馬談因滯留在洛陽，不能參與其事，憂憤將卒，臨終前執司馬遷的手說道：「……今天子接千歲之統，封泰山，而余不得從行，是命也夫？命也夫？余死，汝必為太史，為太史，無忘吾所欲論著矣。」（見史記太史公自序）

父親死後，司馬遷對父親的遺命發誓，一定要完成。二年後，西元一〇八年，司馬遷被任命為太史，時年三十八歲。因為有如此的淵源，所以在他的手邊有龐大的資料，而他以自己卓拔的識見，將那些資料紀錄一一整理，而寫成了這本最初被命名為「太史公書」的史記。

曾受宮刑

當司馬遷寫史記至一半時，也就是西元前九十九年，發生了「李陵降匈奴」的事件，那年司馬遷為四十六歲。匈奴一直是漢朝的外患，武帝派李陵將軍率領五千名士兵去攻打匈奴，沒有想到在途中和匈奴的四十萬大軍遭遇。李陵的軍隊經過數十日的拼命作戰後，不幸失敗了，李陵也被俘虜。當消息傳來，武帝大怒，朝廷文武大臣亦一致聲討，責難李陵的懦弱，而唯有司馬遷不能默然，於是他為李陵辯護：「僕與李陵俱居門下，素非能相善也。趣舍異路，未嘗銜盃，接殷勤之餘懽。然僕觀其為人，自守奇士，事親孝，與士信，臨財廉，取與義。分別有讓，恭儉下人，常思奮不顧身，以徇國家之急。……」（文選「報任少卿書」）

由於他盛讚李陵有國士之風，觸怒了武帝，因而被判死刑。或許是因為武帝聽到了戰敗的消息，因而將怒氣發散到司馬遷身上，而判他死刑。當時被判死刑者尚有兩條求生的途徑，一是繳納五十萬贖罪金後打成平民。另一為接受宮刑。

宮刑為割除男性性器官的一種刑罰。至於用什麼方法割除，是只摘除睪丸或是將整個性器官割除，就不清楚了。但是，有人說宮刑後需使用尿布，因此，可能為後者。但是，不管是怎樣，對一般人而言若接受宮刑，還不如乾脆處死刑的好，宮刑是那個時代一種殘酷的刑罰。

司馬遷是沒有錢為自己繳納贖罪金的，因此，想生存下去，除了接受宮刑就沒有其他的法子。當時的他，也曾想要死，但為了完成父親令其寫成史記的遺志，他日夜掙扎著，在無法可想之下，選擇了宮刑。若能完成史記，即使被撕成八塊亦在所不惜，因此，他告訴自己不能死。

接受宮刑的痛苦，他把它寫在「報任少卿書」裡，這是他在獄中時寫給朋友任安的信。「這封信並非描寫冬天，可是看了後自然令人發冷。」日本一位作家武田泰淳的名著『史記世界』一書中是這樣形容這封信。司馬遷的著作除了史記外，就只此信而已。從這樣看來，史記一書的寫成，其背後隱藏的內情，也真的有令人發冷的感覺。（本書採用了三則）

在經歷了宮刑的苦痛之後，司馬遷似乎重新再看清人世間的事物。所以，他的眼光是異常澄清的，例如，被諸子百家一致看作是街上吸血鬼的遊俠之徒外，連在「金字塔」下層的人們，司馬遷都給予他們合乎人情味的看待，這恐怕是因為忍耐過宮刑這樣的痛苦，所造成的特有的眼光吧！

當我們在看這本『史記』的時候，有著無以名狀的感慨，那就是歷史上有太多殘酷、殺戮的史事。這些事往往逼使人自殺、自焚、撞柱、仰毒，而真正能全壽的人能有多少呢？

雖然在那個時代是如此的，而這樣的鬥爭、糾紛，在今天的社會也是存在的。不管是古代的或現代的，人類社會所有的類型都包括在『史記』裡了，也因為『史記』一書具備了這樣的特色，所以在經過了二千多年以後，它還被認為是最能使人瞭解中國的一本書。

因為『史記』是這樣的一本書籍，所以，要從它那複雜的結構型態去了解書中的內容，或許是困難的。但是，如果能從史記全書中選出重要的史事，再從正史的動機去探討，或許可以幫助讀者較容易去讀這本書。這樣的作法，恐怕也是會令作者高興的吧！

一、天子也應該依法行事

法者天子所與天下公共也。（張釋之馮唐列傳）

「公共」這個名詞，最早是從漢文帝時做廷尉的張釋之的口中說出。一天，文帝外出，他的車駕正在經過中渭橋的時候，有一人突然從橋下走出，驚嚇了文帝的馬。文帝便令侍從把那人捕來，交給廷尉張釋之處治。張釋之問那人口供，那人說：「我剛從長安鄉下來，聽見人說皇帝要經過，路上行人都被趕開，我也就躲在橋下。過了好久，我以為皇帝已經走了，才從橋下走出，誰知剛好碰上了皇帝的車馬，所以嚇得我就跑了。」

張釋之判好了案子，奏知皇帝說：「此人所犯的罪，應當罰錢。」文帝一聽，生氣說道：「他驚嚇了我的馬，幸虧我的馬和順，如果換成別的馬，我豈不早就受傷了嗎？你難道只讓他罰錢就算了嗎？」面對文帝，張釋之說：「法者，天子所與天下公共也。」他的意思就是：法律是天子和百姓都要遵行的，而廷尉的職責就在於執行時使它沒有偏私。

二、裝瘋賣傻的箕子

被髮佯狂而為奴。（宋微子世家）

箕子是紂王的叔父。一天，他因為看到紂王差人去製象牙的筷子，而為紂王的日益奢侈嘆息。

對於沈溺於酒色的紂王，箕子是常加勸諫的，但紂王卻從不接納他的勸告。於是有人對箕子說：「既然紂王不聽信於你，你就該離開紂王到別處去。」箕子回答說：「為人臣的是無法這樣做的，因為如果為了諫言不被人主接受就逃避，那無疑會因為我向天下辯明自己的立場，而使人主的缺點為天下所知。」

那麼像箕子這樣，應該如何自處呢？箕子考慮的結果是以裝瘋賣傻，不戴冠、披散頭髮，扮成奴隸的模樣的面對紂王。從此他藉著彈琴，過著寂寞的日子，因而有「箕子之曲」被流傳了下來。

處於暴君的朝廷，有拋棄國家逃走、拼著性命諫言以及箕子所採的三種應世的態度。而稱之為「佯狂」的，就是指箕子的故事。

三、亂邦不居

吾聞，聖人之心有七竅。信有諸乎。（宋微子世家）

面對紂王的暴虐奢淫，在叔父箕子屢諫不聽，只好佯狂為奴以求生後，另一紂王的叔父比干卻以為：如果不拼著命去勸諫，則暴君的災禍恐將波及百姓。紂王在聽到比干的進言後說：「我聽說聖人的心有七個孔，不知是否真的如此？我想把你的心剖開來看一下。」這樣講完，就殺了比干，並剖開了他的心。

看了箕子和比干兩人的結局，而決定自己態度的微子，也是紂王的叔父。微子認為，只有父子之間是不同的。若是君臣之間，則以義相連接，所以臣下諫言以三次為度，若勸諫三次，君仍不受，則已盡義之本分，就可離去。因此，微子所採的態度是離去。在微子離去不久之後，周武王伐紂，滅了殷。微子就去到武王的軍門，以屈辱的態度表明降伏。武王在明白了微子的情形後，就釋放微子回到商，使商能繼續綿延下去。

四、不與丈夫一起妄自尊大的妻子

其夫為相御、擁大蓋策駟馬、意氣揚揚、甚自得也。（管晏列傳）

「意氣揚揚，甚自得也」是我們常用的形容詞，就是由這個故事而來的典故。

晏子做齊國宰相的時候，一天出門，車夫的妻子從門縫裡偷看自己的丈夫，見他正要替宰相駕車，拿起長鞭鞭策四馬，臉上意氣揚揚十分得意的樣子。不久那車夫回家來，他的妻子就要求回娘家去，並和丈夫離婚，車夫問妻子為什麼要如此，妻子回答說：「晏子的身軀不到六尺，卻做到了齊國之相，名聲顯揚於諸侯之中，而我看他出來是那樣的深沈謙虛，好像自己比別人卑下。你的身長八尺，又僅是個車夫，卻得意洋洋十分滿足的樣子，因此我不能再和你這樣的人共同生活了。」

從此，那車夫便卑下謙虛起來，晏子覺得奇怪，問其原因，車夫就把妻子的話說了一遍，晏子就推薦他做了齊國的大夫。

的確，像車夫那樣，因為受雇於有權有勢的人而妄自尊大的人不在少數，但如果能有一個賢慧的妻子來時時勸導，也就很好了，可是往往連妻子也一起妄自尊大的卻是更多。因此，這一則逸聞也就很有價值了。

五、讀易至韋編三絕

讀易韋編三絕。（孔子世家）

今天我們把書讀得很熟叫「韋編三絕」。古代的人在竹簡上面寫字，然後用牛皮穿過，使幾片竹簡連在一起而成一冊書。如果看一本書，看了好多次，而使皮韋斷了三次，就是指反覆閱讀的意思。

被稱做是儒家之祖的孔子，到了晚年仍是非常用功的，「易」就是他在晚年所讀的書之一，而「韋編三絕」就是用來形容他讀「易」時的用功情形。孔子曾對學生說：「假使上天再讓我的壽命延長數年，讓我能精讀易，那麼，我就可以沒有過失了。」

孔子是中國私人教育的興起者，據說他所傳授的弟子有三千人，但是其中精通禮、樂、射、御、書、數這六藝的人，有七十二人。孔子及其弟子在後來的中國兩千年中有著了很大的影響力，除此之外，孔子的思想對日本也有著深遠的影響。

讀書的方法有略讀和精讀兩種。這兩種讀書各有其不同的效果，對於易這本中國最早的哲理書，孔子認為必須要精讀的。

六、令出必行

能徙者予五十金。（商君列傳）

「移木之信」是法家商鞅為取信於百姓而設下計策的故事。

秦孝公時任用了商鞅，商鞅準備實行變法。但是，當時的一般百姓對於政府政令的頒行，都抱著將信將疑的態度。商鞅為了要革除人民這種心態，叫人把一棵大約三尺高的樹，種在都城市場的南門，然後貼了一張告示，寫道：「能把此樹移到北門者，賞金十金」。

可是並沒有一個人相信告示上所說的，樹依舊還是在南門。於是商鞅又張貼了一告示：「能徙者，予五十金」。這就是說，只要把樹移到北門，就給他五十金的獎勵。

很難得的，有一人把樹移到了北門，商鞅立刻就按告示上所寫的，賞了他五十金。商鞅這樣做的目的，是要讓百姓信任政府，相信官府是令出必行的，這樣，百姓才會進一步的遵守法令。也就因為這樣，商鞅後來實施的土地制度和郡縣制度都得以成功，而被封為商君。但在孝公死後，他的法令受到天下人的反感，最後終於作法自斃，被處以車裂之刑。

商鞅的思想屬於法家，與韓非為師承關係，秦後來之所以能夠滅六國，統一天下，就是因為以法家思想治國的效果。

※　※

在人們成功的事上獲得成功，是偉大的事。這需要打贏他人和自己。逆流而上是徒費力氣，如順流而行，則任憑怎樣脆弱的人也會流到岸邊。

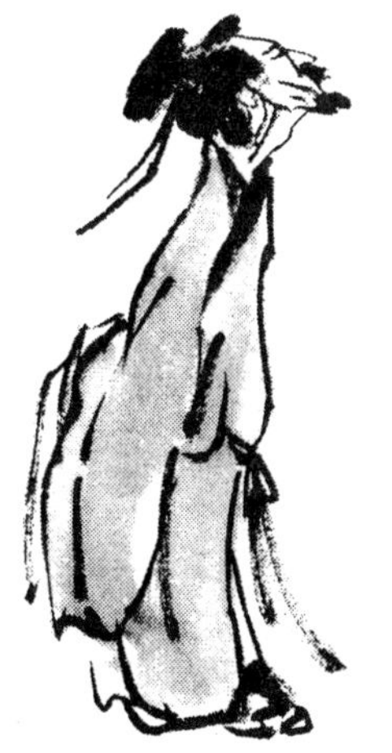

七、面對強敵出奇策

願無虜掠吾族家妻妾、令安堵。（田單列傳）

因為這個故事而流傳著「令安堵」一詞。堵是圍牆，安堵是說在圍牆裡能安心度過的意思。

燕和齊這兩鄰國發生了戰爭，國力強大的燕攻陷了齊都臨淄和其他七十多個城池，使齊只剩下即墨和莒城二地。齊湣王只好逃到了莒城。田單和他的族人則逃到即墨，此時的田單只是齊國的一個將軍。田單一到即墨，以將軍的身分布署軍隊，陸續施行各種計策來困擾燕軍。他先派間諜潛入齊國失陷的故土，散布謠言說：「燕國的樂毅大將軍不願攻打即墨，是因為他有私心。」這樣一來造成燕王對樂毅的懷疑，而終於如田單期望的撤換了善戰的樂毅。

他又對自己的軍隊說，被燕軍俘虜的齊兵，燕必削掉他的鼻子，還要派他在最前線去作戰。這樣的謠言使齊軍個個奮勇。他又叫女子和小孩站在城牆上，對城外的燕軍大叫：「現在我們齊軍要投降了，請不要對我們虜掠。請你們安心吧！」

八、火牛退敵制勝

牛尾熱、怒而奔燕軍。（田單列傳）

田單的火牛之計，直到今天仍被認為是一奇計。因為齊國的人站在城上向燕軍說要投降，這個消息使強大的燕軍頓時喪失了警覺。而田單在城裡蒐集了一千隻小牛，將牛身上加以裝飾，穿上紅色的衣服，衣服上畫了五色的龍，牛角上綁上兩隻利刃，牛尾巴綁上浸透了油的蘆葦，然後點上火。

田單命人事先在城壁上打好了數十個洞，然後一起把牛放出，尾巴被火燒痛的牛，只能向著燕軍所在的方向猛進，而在這火牛陣的後面，緊接著的是口中銜枚的五千名齊軍精銳。

被火光照得通紅，而且身上有五彩龍紋的火牛，猛然衝了過來，令燕軍措手不及。瞬間，有許多已被牛角刺死或刺傷，而沒有受傷的人，因過於驚慌，根本無法應戰，只求保命而逃走，齊軍就趁機殺了他們的將軍騎劫，又一直向前追去，燕軍則天天退敗，直退到了黃河，齊國先前失陷的七十多個城，都再度奪回，然後田單到莒去迎接齊王回到都城，齊王於是封田單為安平君。

九、生命可貴不可使置於危險

千金之子坐不垂堂。（袁盎晁錯列傳）

袁盎所說「千金之子坐不垂堂」，是指富豪子弟不坐在堂下的意思，因為富豪子弟的生命是可貴的，如果讓他坐在堂下，不知什麼時候就會碰上屋瓦掉下來的危險。當然，除了有某種異變，瓦是不會掉下來的，但是，這是提醒人們注意四周環境之是否有危險。

漢文帝的馬車正要從很陡的坡路上跑下去，將軍袁盎趕緊將自己騎的馬和文帝的馬走在並排，並伸手拉住文帝馬車的繮繩。文帝看到說：「你是害怕嗎？」袁盎回答著：「皇帝的生命是寶貴的，不可使置於危險之中。假如馬因某些事吃驚或車子有損壞，那都是極危險，除了自己的生命受到危險外，陛下又如何向宗廟及太后交待呢？」

現在，千金之子坐不垂堂，已不再是指屋瓦會落下來的危險，事實上，在我們的四周是充滿了危險。

十、用美女活祭河神

即不為河伯娶婦、水來漂沒、溺其人民云。（滑稽列傳）

不管那一個地方都有他自己的迷信，但是，將美麗的女孩活生生的拋進河裡祭神，卻是最殘酷的一個迷信。可是，若不這樣做，據當地的巫師告訴百姓說，河神將會作祟，造成洪水，危害全村的人。

因為如此，所以每年在魏的鄴縣這個地方都要選出最美麗的女孩，把她送入河裡，嫁給河神。到了固定的時候，巫師就到鄴縣的各家各戶去尋找，以挑選最美麗的女孩。找到了之後，就在河邊建造一個小屋子，把女孩關在裡面，供她肉、酒和飯，過了十天，在三老、官員和在地方上有名望的人監視下，將女孩放在轎子裡，再把轎子抬到河裡，轎子在水面上浮沈一陣後，很快就沈下去了。

因為有如此的風俗，所以家裡有女孩的人家，在巫師要來之前，就會逃到別縣去。這樣一來，鄴的人口就漸漸的衰微了。

而且每年為舉行此一儀式，還向人民徵收數百萬的稅，其實，所用去的只不過是二、三十萬而已，其餘的則由三老、巫師和官員拿去平分了。

終於，一位將此迷信革除的官員出現了。

十一、西門豹破除迷信

巫嫗三老不來還。奈之何。（滑稽列傳）

西門豹是鄴縣新上任的縣官。那天正是要舉行河神娶親的日子，西門豹來參加儀式，然後對大家說：「這個女孩不夠美麗，巫師！請你去和河神商議，過些日子我會找個更美的女孩嫁給他。」說完，就指揮手下把巫師投進了河裡。

等了一段時間，西門豹說：「怎麼去了那麼久不回來？我們派一個人去迎接他吧！」說著，又把一個巫師投進河去。

又過了一段時候，西門豹說：「也許前面去的都是女人，不會辦事，勞駕三老去一趟吧！」於是叫人把三老都給投入河中。

此時，其他官員看在眼裡，都害怕起來，只見西門豹從容地向著河水深深鞠躬，若無其事的說著：「巫嫗三老不來還，奈之何。」

這句話的意思是：奇怪，巫女和三老為什麼一去不回呢？

十二、傳諸子孫的功業

民可以樂成。不可與慮始。（滑稽列傳）

鄴縣的縣長西門豹，把那些一直侵吞百姓稅金而飽入私囊的巫師和地方官員先後都投到河裡去了。看到這種情形的其他人和官吏，都跪地叩頭求饒，直叩到額頭都流出了血，西門豹才說：「好吧！暫時看看情形再說，站起來吧！河神似乎要挽留我們的客人，今天你們可以回去了。」

從此以後，鄴縣再也沒有人說起河神娶親的事了。而西門豹就徵用了當地的百姓，挖掘了十二條水道，引黃河的水來灌溉鄴縣的農田。這是一項很鉅大的工程，他對其他的官吏說道：「只要讓百姓享受成果就可以了，而不必讓百姓知道官府所要做的每一件事。今天，百姓對我所交付的命令雖然會感到痛苦，但是，到了他們的子孫輩，就可以享受到成果，而覺得這是一個德政了。」

因為有這樣的自信和決斷，西門豹才能成就為一個受後世稱讚的為政者。

十三、俎豆之遊

孔子為兒、嬉戲、常陳俎豆、設禮容。（孔子世家）

孔子出生於貴族，是宋微子的後代，但是，他的雙親並沒有正式的婚姻關係，所以，由於孔子母親的顧慮，對孔子父親死後葬在何處，並沒有讓當時年紀還小的孔子知道。孔子小時候，就常像供奉父親那樣的，供奉著祭器，作為一種遊戲。

通常一般的孩子並不會以祭器作為玩具，因而孔子這種遊戲就被稱之為「俎豆之遊」。這對後來成為儒家之祖的孔子而言，是很適切的一件兒時軼事。後來被尊為至聖的孔子，兒時的遊戲就與一般人不同，這或許也可被認為孔子自幼就嘗試禮的研創。

後來，孔子的母親去世，孔子想使父母能合葬一處，於是想法子探聽父親墳墓的所在，經過一番努力，不久找到了當年父親出殯時，抬棺柩者的父親，也因著這條線索，找到了父親的墳，然後才又把母親的遺骸遷到那裡，使他的父母得以合葬在一處。

十四、季子饗士的屈辱

季子饗士。非敢饗子也。（孔子世家）

孔子在少年時代，家境非常貧窮，但他不以為意，發憤讀書，在他十七歲時，發生了這樣的一件事：

季孫是魯國的大夫，他有一個家臣名為陽虎，此人十分擅權。一天，季孫舉行宴會，以宴請魯國的士，當時才十七歲的孔子，以為自己的身分可以和士相當。所以也去參加此次的宴會。

季孫的家臣陽虎見到孔子也來參加宴會，就說：「季子饗士，非敢饗子也。」陽虎仗著季孫的關係，而成為能操縱魯國國君的人，如果不是陽虎，而是其他的家臣這樣說的話，那麼孔子就不會垂頭喪氣的回來了。

那時的孔子正值青年時代，被陽虎說了一頓，未免有屈辱之感，孔子當時的不快和喝不喝宴會上的酒並沒有關係。有時因為誤會，有時也不一定是誤會，許多人或許都曾有過這種被屈辱的際遇。

十五、仁人送人以言

富貴者送人以財、仁人者送人以言。（孔子世家）

孔子無論走到那裡，都有弟子隨行。一天，他帶了名叫南宮敬叔的弟子一起去拜訪老子，向老子討教有關禮的問題。

孔子請教完了，正要離去的時候，老子對孔子說：「富貴者送人以財，仁人者送人以言。吾不能富貴，竊仁人之號。」老子自以為不富不貴，所以，只得以言語贈送孔子。所謂仁者是指具有仁德的人，仁是儒家道德思想的中心。一個人雖沒有富貴，但具備人格，就可稱之為仁者。

對人有所餽贈，究竟是該贈以金錢財物，抑或以言語相贈，老子的話語正可以給我們在作這方面取捨時的參考。老子在講完這句話後，又說了一些頗為有名的，批評孔子的話。

關於老子的事蹟，到現在仍有人抱著存疑的態度，不過在史記孔子世家裡，老子對孔子的批評卻是毫無忌憚而嚴厲的。

十六、批評要看清對象和狀況

博辯廣大危其身者、發人之惡者也。（孔子世家）

通常能舉一反三的人，是博學多識的；而辯辭流利，有好口才的人，也是讓人敬佩的。但是，博學多識或有好口才的人，說不定一輩子都不得成功，不僅不能成功，甚而因著博學及口才而為自己招來殺身之禍的情形也是有的。

孔子以他銳利的眼光和言辭，常指出他人的過失。這並不是一件不好的事，尤其在他所處的混亂時代，他的批評，對國家、社會的確有幫助。但如果不能掌握狀況和批評的對象，那麼在對國家、社會有利之前，就先會為自己帶來不利。

老子批評孔子的，就是指出孔子缺乏這樣的顧慮。的確因為這樣的情形，而使孔子在一生中曾有受難的遭遇。但這種情形的發生，並不僅限於孔子，有許多聰明的人，因為自己所說的話，而招來災禍也不少呢！老子又對孔子說：「為人臣者，毋以有已。」即要孔子壓抑自己的主張。為人臣子，要有謙虛、慎重的態度。

當一個人揭發了對方的缺點。那麼，對方必定要想盡方法來報復的。這是老子要孔子有所警惕的地方。

十七、三月不知肉味

學之三月、不知肉味。（孔子世家）

孔子出生以後，魯國在政治上一直是混亂的。所以，孔子沒有機會出仕為政。後來孔子去到齊國，齊景公賞識孔子的才幹。齊國在朝廷的典禮上所演奏的音樂，非常壯盛，這使喜愛禮樂的孔子興奮起來，於是，他向齊太師請教有關音樂的事。齊太師奏韶樂給孔子欣賞，孔子非常有興趣，於是也就學了起來，在他學韶樂的那三個月中，對自己吃東西的味道都不能感覺出來。

任何人當他熱中於某事時，便會對吃的東西，不覺其味，而能像孔子這樣持續了三個月之久，這真是不太尋常的。

果然因為孔子的學習，而使人注意起韶樂來了，當然，並不全然是因為孔子的學習，孔子的『論語』裡就曾說：「盡美矣，又盡善也。」可見韶樂的本身，的確是非常吸引人的。孔子這種學習的精神，傳入齊景公的耳中，於是召見孔子，想要知道孔子對為政治國的看法。

十八、各安其分則天下太平

君君、臣臣、父父、子子。（孔子世家）

齊景公召見孔子，請教他為政治國的道理。

孔子回答說：「君君，臣臣，父父，子子。」

也就是各司己職，各守本分的意思。君是國君，臣是臣下，這是儒家思想的重點。儒家思想到了漢武帝時大力推廣，兩千年來一直成為中國人思想的主流。

當景公聽到孔子說出這八字，就稱許孔子說：「的確，如果君不像君，臣不像臣，縱使有了穀子，又怎能享用得到呢？」

景公又問孔子更具體的政治方法，孔子回答，必須努力節約財政，才能使人民、國家富裕。景公對孔子的見解非常佩服，本欲任用，沒有料到，卻發生了一件令齊景公作法改變的事。

十九、晏嬰批評孔子

夫儒者滑稽而不可軌法。倨傲自順、不可以為下。（孔子世家）

當齊景公想任用孔子的時候，從中阻止，使齊景公打消念頭的是晏嬰。『孔子世家』中說孔子曾遭受的批評有三，一是老子，二是晏嬰，第三是其他的人。

晏嬰批評孔子說：「夫儒者，滑稽而不可軌法，倨傲自順，不可以為下。」這樣的批評是非常嚴厲的。

在晏嬰以為：

「孔子這一類的儒者對喪禮的要求繁縟，對親人的葬體尤其慎重，這樣的繁文縟節是不必要的，儒者只藉言辭以求得俸祿，像乞丐一樣的周遊列國，國政如果交到這樣的人手中，是萬不可的。」

這樣的的確是非常中肯的，而他對孔子的批評還不僅於此。

※　※

當一個人沒辦法自我教育時，就無法再接受別人的教育，因為他的成長已經停止了。

二十、齊景公委婉推拖

吾老矣、弗能用也。（孔子世家）

晏嬰還繼續向齊景公說出孔子的缺點。他是這樣說的：「孔子既處於周天子衰微，禮樂被廢的時代，不能積極論政，卻一心想復興禮樂。例如，講求服飾儀容該如何，冠飾該如何，光提細微末節如何治世？像這樣繁瑣的禮樂儀式，恐怕是一生也學不完的。那麼，要任用孔子來改革政治的事，豈不是萬不可以的嗎？否則，只會使朝政更為混亂罷了。」

晏嬰是和管仲齊名的春秋時代的賢相，他的事蹟有『晏子春秋』一書可參考。孔子曾在『論語』中褒揚他，孔子說：「晏平仲善與人交，久而敬之。」是讚美晏嬰善於和人交往，相處愈久，別人愈是敬重他。

聽了晏嬰的話，齊景公於是打消了任用孔子的念頭。他對孔子說：「吾老矣，弗能用也。」拒絕別人的方法很多，像齊景公這樣委婉的說辭，也可以說是思慮精密的了。

二十一、居安思危

有文事者必有武備、有武事者必文備。（孔子世家）

「允文允武」是我們常用來誇獎一個人的文才和武技都好的形容詞。

魯定公十一年，齊國因為看見魯國政治已經安定、社會富庶，就和魯國講和。那時，孔子已由中都宰升為司空，再升到司寇之官，講和的時候快要到了，魯定公即將出發。孔子對定公說：「我聽說有文事的，必定要有武備；有武事的，必也要有文備。」意思是說，即使是在戰爭時，小的文事節儀，也是不可忽略的。

後來將「有文事者必有武備」一詞用在比喻平時不忘作戰時的準備，居安思危的意思上去。

魯定公和齊景公講和的地點在夾谷，齊景公本想利用會議的時候，對魯定公不利，沒有想到他的陰謀已被孔子料到。孔子在講和的會議中以靈巧的方法反攻，使齊國不僅不能使陰謀得逞，反而被逼得只好還過去所侵奪的魯國土地，並向魯定公道歉。

從這件事看來，孔子不但是個理想主義的教育家，他也是個現實主義的政治家。

二十二、齊景公謝罪

君子有過則謝以質、小人有過則謝以文。（孔子世家）

齊景公在夾谷講和時要對魯定公不利的陰謀，因孔子的有備而失敗。回國後，他召集大臣說道：

「魯國的相，用君子之道來輔佐他們的君主，你們卻以夷狄之道來輔教我，使我得罪了魯君，這事怎麼好呢？」

他的臣子就回答他說：「君子有過則謝以質；小人有過則謝以文。」

這意思是說，當君子有了過錯，是以實質的誠意去謝罪；而小人犯了錯，則只用虛文的方式謝罪。齊國的眾臣這樣的想法，促使齊景公必須像個君子一樣向魯定公謝罪。於是齊景公就把從前所掠奪的魯國的鄆、汶陽和龜陰的田地，都還給了魯國，聊以謝自己的罪過。

二十三、孔子面有喜色

不曰樂其以貴下人乎。（孔子世家）

孔子在五十六歲時，以大司寇的身份攝行宰相的職務，於是他面有喜色。看到孔子這樣，他的弟子就問孔子說：「聞君子禍至不懼，福至不喜。」意思是說，老師平日教導我們做一個君子，面臨災禍不畏懼，當有好的事時也不輕易流露高興，何以老師自己今天卻沾沾自喜的呢？

孔子聽到弟子這樣的話，就答著：「有是言也，不曰樂，其以貴下人乎？」孔子的意思是說：話固然對，但是就了高位，使自己的才學能夠發揮，而且最可貴的是能有接納下面的人的意見，這不是一件值得喜樂的事嗎？

從這件事看來，孔子對任何事都是充滿感情的。

於是，孔子誅殺了擾亂魯國政治的大夫少政卯，積極的從事政治改革，三個月下來，魯國全國的商人不再貪求暴利，社會風紀純樸、治安良好，而有了路不拾遺的社會風氣。

齊國看到鄰近的魯國政治上軌道，百姓漸漸富裕、國力日強，大感不安起來。如果魯君一直以孔子為司寇的話，魯國必定會成為一個強國，這是齊國不樂於見到的，因此，齊國就要想法子來擾亂魯國的政治。在這樣的詭計之下，齊國先在國內徵選了一些美女，把她們送到魯國。

二十四、食色性也

予所不者、天厭之。天厭之。（孔子世家）

齊景公因嫉妒魯國的政治日漸上軌道，於是想要設法破壞。齊景公選出了美女八十人，將她們送到魯國。魯定公及大夫季桓子對這些美女相當有興趣，因而荒廢朝政。看到這樣的情形，孔子只好失望的離開了魯國。這樣一來，齊國的策略算是奏效了。

也就是因為這樣，有人認為孔子是厭惡女性的，然而這樣的說法並無根據。孔子也是人之子，又是男性，他離開魯國的原因是，因為看到魯定公和季桓子的沈迷於女色。

當他遊歷到衛國時，衛靈公的妃子南子夫人，對孔子頗有興趣，而想和孔子見面，因為南子曾和宋公子之間有曖昧的關係，所以，在當時被認為不是一般尋常的女子。

當孔子謁見南子夫人回來後，他的弟子頗不以然，他就向弟子辯解道：「我本不想和她見面，無奈這是一種禮數。」可是子路仍然憤憤不服，孔子只好說：「予所不者，天厭之，天厭之。」

這是說，假使我做了愧咎之事，那麼上天自會有所裁判的。

「予所不者，天厭之，天厭之。」你能感覺這話的巧妙嗎?或許，我們可以從這句話中感覺到，孔子對南子夫人也不是完全沒有興趣的。

※　※

多一分對他人的疑慮，就少一分對自己的信心。在人生旅途上，能免除許多痛苦的最佳方法，是要有將自己利害、得失，減到非常少的念頭。

二十五、未見好德如好色

吾未見好德如好色者也。（孔子世家）

孔子在衛國數月後離開，他離開衛國和他當初離去魯國的原因是相同的。有一次，他被衛靈公召見，當時衛靈公正和南子在車上，有宦官陪乘著，而讓孔子所乘的車跟在他們的後面。回來以後，孔子以沈鬱的臉色對弟子說：「吾未見好德如好色者。」據說，他就是因為這事而離開了衛國。

以另外的一個立場來看，當時，孔子離開魯是因為魯定公耽溺於齊國所贈之美女，而今，衛靈公和南子在孔子的前面表現出不是一國之君該有的禮範，故而促使孔子離開衛國，自是合理的事。孔子的離去，並不表示他討厭女性，卻正好相反，只是在弟子面前，他不能使自己從「以德」的形象，馬上顯現出「好色」的一面。

孔子曾說：「唯女子與小人為難養也。」這樣說法，雖然看起來好像不尊重女性，但這只是當時那個時代一般人不尊重女性的情形，說不定是有人希望像孔子這樣的聖人應該厭惡女色，故而才說孔子是厭惡女色的吧！

二十六、貧富之道

貧富之道、莫之奪予、而巧者有餘、拙者不足。（貨殖列傳）

貧富之間差距產生的原因在那裡呢？怎麼樣才能富有，怎麼樣又會貧窮呢？有人說，富有的人，是因為別人將財產給了他；貧窮的人，是因為自己的財產被奪取。這自然是使人有富裕和貧窮兩種不同際遇的原因，而更重要的是，從這種說法中，我們該明白無論貧富，都不可依靠別人，不可抱怨別人的道理。

所謂「貧富之道，莫之奪予」這句話是說，富者，是讓別人把財富交給自己，而貧窮者是把財富交給別人。巧妙的人，能使錢財有餘，不能運用的人，自然永遠都要感到不足了。

太公望被封在營丘，在今山東靠海的地方，是一片被稱為瀉鹵的鹹地，根本無法種植，這裡的人民向來都是貧窮的。可是太公望鼓勵他們從事女功，講究技巧，發展漁業和製鹽，於是物產也豐富起來，四方來歸的人絡繹不絕。後來齊的國力又慢慢中衰了，到了齊桓公即位，以管仲為宰相，他重新整頓財政，設專管錢幣的機構，使國家漸漸又富裕起來，齊桓公也因此而登上了霸主的位置。

二十七、衣食足而後知榮辱

淵深而魚生之、山深而獸往之、人富而仁義附焉。（貨殖列傳）

水深則魚可游，山深則獸得居，這是一定的道理。人也是有了充分的經濟能力之後，才自然而然的可以論到仁義之德。

管仲說：「倉廩實而後知禮義，衣食足而後知榮辱。」如果反過來說，就成了人若是貧窮，也就無法顧到禮義了。事實上，人到了沒有衣服穿，沒有東西吃的地步，又怎能顧及外觀？連外觀尚且無暇顧及，那麼，禮義自然就要排到後面去了。所以，如果一個貧窮的人，能像有錢的人那樣的講禮義，反而是非常奇怪的事。而一個貧窮的人，要弄得像有錢人那樣，也是很悲哀的。

人是不可以貧窮的，當一個人富裕、有勢力時，自然有人趨炎附勢而來；一旦貧窮了，則朋友都遠離。漢代有句俚語是這樣的：「千金之子，不死於肆。」是說有錢人的兒子，做了壞事，不會被判死刑。而實際上，現在有錢人的子女，做壞事而仍能補救的例子，也非常之多。

二十八、貴賣賤買

貴出如糞土、賤取如珠玉。（貨殖列傳）

「貴出」之貴指行情高，「賤取」之賤指行情低。行情高時，應當將貨品視如糞土，當毫不吝惜的將之賣出。行情低時，就要將貨品視做珠玉，一直收購進來。這就是資金籌措及運用效率的秘訣。這個道理雖是大家早已知道的，但其困難處是在於難以掌握賣買最恰當的時機。

因為當行情正在上漲時，一般人的心理是預期還會再漲。於是多買進，可是沒有想到卻突然暴跌了。到了行情低的時候，以為還會再跌，可是突然間卻上漲了，此時後悔自己為什麼沒有及時買進，然終於是已來不及了。

簡單的說，做生意的技巧就是便宜的東西買進，貴的東西賣出。越王巧妙的使用此一方法，使國力富裕，同時，他又施之於軍隊。他對立功的越軍，賜以豐厚的獎勵，這樣到了戰爭時候，越軍就像口渴求水的人那樣奮不顧身的去殺敵。這樣才奠定了越國在諸侯中的地位。

自古以來，有錢的人，莫不是以財物運用效率化來賺取利潤，這應該是一種表面上看起來愉快，而實際上卻是一件緊張而令人煩惱的事。

二十九、賺錢如用兵

吾治生產、猶伊尹・呂尚之謀、孫吳用兵、商鞅行法是也。（貨殖列傳）

魏文侯的宰相李克曾說：「吾治生產，猶伊尹、呂尚之謀，孫吳用兵，商鞅行法是也。」而李克這人，據記載，總是在別人賣出時，他買進；別人買進時，他賣出。如在穀物收成時，他就作買方；蠶在作繭時，他將農穀賣出而買進絹。如果把過去的豐年和欠收的情形，製成統計圖表，然後研究其週期，作為下次買進賣出的依據，這樣可以使財富以倍增，這就是李克的經濟原則。這樣看來，賺錢好像是很簡單的事，而事實上並非如此，李克的話是很值得我們去推敲的。

李克所說的「生產」，是指作生意。伊尹是商湯時代的宰相，呂尚是周朝初年的功臣，他二人策略高明，極有能力的。孫吳是指孫子和吳起，是兩位有名的兵法家。商鞅是秦孝公時變法的名臣。李克之所以提出這些人，是指作生意時，對行情的判斷，應具有他們的智慧和果斷。

李克曾說：如果要教人作生意，對方必須是個性堅強，具有勇氣的人才可以，對那些沒有勇氣和智慧的人，一概不教。如此說來，賺錢的確不是一件簡單的事，因為它必須具有準確判斷的智慧和果斷的勇氣。

三十、富者必用奇勝

夫纖嗇筋力、治生之正道也。而富者必用奇勝。（貨殖列傳）

儲蓄金錢的方法有兩種：一種是去賺很多錢；一種就是不花錢。對很會賺錢的人來說，他自然是主張前面那條途徑，而對於賺錢有限的人而言，要儲蓄，就只有採取後面的這一條途徑了。

生活節約、盡力工作，自然能維持基本的生活，然而若真正想儲蓄財產，就要用和別人不同的方法，才能在競爭的商場上制勝。這正是「夫纖嗇筋力，治生之正道也。而富者必用奇勝。」的道理。

漢初，吳楚等七國的諸侯起來叛亂，在都城的諸侯為了籌措軍費，想要付利息去借錢，但有錢可以借出的人，都認為作戰的地區都城非常遙遠，且未必有勝算的機會，因而拒絕出借。而無鹽氏卻趁機把利息抬高到本金的十倍，借給諸侯千金。三個月後，叛亂被平定了，無鹽氏在不到一年的時間內，得到了本金十倍的利益。

這是相當冒險的交易，但是，謀利的本身就是有危險的。白手起家的人，不能只依靠節約和勤勉，必須謀求突發的，有創意的想法，和將此想法付諸實行的決斷力，才能為自己創造財富。

三十一、俛有拾抑有取

俛有拾、仰有取。（貨殖列傳）

我們常聽人說，某一地方或某一國家的人非常吝嗇，或是對金錢十分節儉。的確，因為風土人情的關係，某一個地區自然會有這樣的特色。

古代的魯國人，就被當時一般人以為是對金錢較吝嗇的，而曹邴氏更是魯國最吝嗇的一人，司馬遷的『史記』是這樣記載。邴氏父子三代，把「俛有拾，仰有取」作為家訓。就是告誡家人，當你摔跤了，不能平白的摔了跤，一定要撿起些什麼東西。抬起頭時，也要順便摘下一些東西，才為划算。

在日本，也有這樣的俚俗，叫人摔倒了，不要空手而起，頭向上仰時，也要摘些梨子、蘋果之類的東西。要像這樣時時的注意，不做浪費的事，都作對自己有利的事。邴氏本是個打鐵匠，後來改行做高利貸，以信用銷售的方式，而發展到全國的貿易，造成巨萬的財富。

因為受到邴氏發財致富的誘因，使鄒和魯這兩個國家把以往教育的熱中，轉移到積極從事於利殖的開發。在日本經濟高成長時期，類似鄒國和魯國這樣趨利的情形，也是常發生的。

三十二、經小商也能成大富

富無經業、則貨無常主。（貨殖列傳）

農業是被人認為沒有什麼發展的職業，而秦揚卻因為務農而成為富豪。挖掘墳墓，取出墓中的寶物，是令人嫌惡的事，而田叔卻以之作為發跡。賭博是違法的，而桓發以賭博建立財富。行商在古代是讓人看輕的行業，可是雍樂成以行商成為富翁。賣油是令人嫌惡的生意，雍伯以此賺取千金。給人茶喝的生意，賺利甚少，但張氏也以此蓄積千金。

其他像磨刀、獸醫等，在當時都是被看輕的職業。雖然如此，因為從事這些行業而致富的人，在歷史上極多。所以致富的人，不限於從事某一行業，這正是「富無經業，貨無常主」的意思。

有人說，錢是走向有能力的人，而離開無能力的人。千金之家能和一國的領主並肩；億萬長者可和王子享同等之樂。沒有人想要去做的生意，越是可以賺錢，所以，創業的時候，用不著一定要選擇穿西裝、打領帶看起來神氣的行業。

三十三、王室的紛爭

殷道親親、周道尊尊。（梁孝王世家）

在中國古代的王朝中，帝位的繼承一直是王室間最大的問題。就以殷和周二代而言，各有其不同的繼承法則。史記上說：「殷道親親，周道尊尊。」所謂「殷道親親」，是指兄終弟及的繼承方式；所謂「周道尊尊」，是指父死子承的繼位方式。這兩種方法，表面上似乎是很合理，但呈現於歷史上的事實是，王室內因繼承而造成的紛爭不斷。

我們現在所要討論的是漢代的王位繼承。漢代是採行父死子承的方式，而非兄終弟及。漢文帝崩，竇太后以自己之長男繼承王位，是為景帝。而又以景帝之弟梁孝王立為太子。景帝的臣子袁盎說：

「宋宣公死時，沒有按宋國的法度立子，而卻以弟繼承。等到其弟受國後死，復將王位歸還兄之子，弟之子卻認為自己應當繼承父親，而將兄之子誅殺，因為這樣，使宋國的禍亂不絕，孔子作春秋時，批評這是宋宣公的不當。」

繼承王位的方法，本沒有辦法來明確規定，所以，造成歷代王室的紛爭，然而有了規定，是否就能消除紛爭呢?若繼承者不肖，即使有規定，執行起來仍是有困難的，這也就是王室中永遠都有紛爭的原因。

唯有能嚴守誠實、親切、友誼等普通道德的人，才真正稱得上偉大的人。

三十四、一件小事成為人生的轉捩點

人之賢不肖譬如鼠矣、在所自處耳。（李斯列傳）

秦統一天下後，以李斯為相。李斯本為楚國人，年輕時在鄉里作小官。他曾因看到在衙門的廁所裡，有老鼠吃人糞，而特別注意。吃糞的老鼠怕人或狗走來，總是畏畏縮縮的。他又注意到在穀倉中吃農作物的老鼠。他發現在穀倉中的老鼠和廁所裡的老鼠不同，因為在穀倉中的老鼠，是在一個良好的建築物中從從容容的享受食物，不必畏畏縮縮的躲著人。

因為看到這樣兩種情形，使李斯想到：人不是也有著這樣不同的際遇嗎？有人被以為是賢人，有人就受到完全相反的評價，這不也是由每個人所處的環境不同而得到的不同待遇嗎？

這樣的想法正是李斯一生的轉捩點，於是他辭去了小官，為了發憤用功，他投向荀子門下，成為他的弟子，因為看到這兩種老鼠，而使李斯後來的一生有了決定性的改變。

三十五、把握機會

久處卑賤之位、困苦之地、非世而惡利、自託於無為、此非士之情也。

（李斯列傳）

從觀察老鼠而得到人生啟示的李斯，辭去了他小官的職務，投到荀子的門下，去學習所謂的幫助帝王稱霸天下的學問。後來學業完成了，他忖度著，楚國的勢力太小，所以楚王已不足以事奉，而當時的六國都弱，沒有什麼可以建功的機會，唯一可有的機會是西入秦國。他向老師荀子辭別時說：

「如果能獲得機會，就千萬不可放棄。現在，天下人人都在尋求可以遊說的國君，而我以為，秦國可以稱帝於天下，所以，是一個很好的機會。像我這樣，長久處在低賤地位的人，今天如果還不能把握這個機會，豈不就像沒有學過的禽獸，只要見到肉就吃一樣了嗎？其實，我們這樣的士人，處在卑賤的地位，對世人譏諷其富貴，厭惡其榮利，並不是我們自己要如此，而是力不能及。」

李斯到秦後，投入丞相呂不韋的門下為食客。

三十六、尊卑的秩序不可失

尊卑有序則上下和。（袁盎鼂錯列傳）

漢文帝帶了皇后和側室一起去巡幸的時候，他的侍從按照以往在宮中，皇后和側室同列坐席的規矩，將皇后和側室二人的席位同列在一起。

就在正要入席的時候，文帝發現皇后和側室的座位是同列著的，於是文帝就將側室的席位拉到後面去，看到這情形，側室不悅起來，她堅持不入席，由於鬧得不愉快，所以文帝也氣憤的回到宮中。

身為諫臣的袁盎就入朝向皇帝奏道：「尊卑有序則上下和。」他並且說明道：「有皇后在場時，側室為側，若兩人同列席位，就無法分出尊卑的順序了。陛下如果是寵愛側室的，可以厚賜給她，但是尊卑的順序一定要維持著，否則陛下對側室的寵愛，反而會成為她的災禍了。」文帝將袁盎所說的話，講給側室聽，側室也覺得有道理，就拿了五十金作為給袁盎的獎勵。

三十七、你只管喝酒就可以了

君能日飲、毋何。（袁盎晁錯列傳）

袁盎做漢文帝的諫臣，因為直諫，起初甚得文帝之寵信，但因為有好幾次的直諫，忤逆了文帝的意思，所以，文帝將他調去做隴西都尉。

他在隴西治兵，愛護士卒，士卒都願意為他效命。所以，後來又升為齊和吳的相。當他要前往吳國時，他的侄兒袁種對他說：「吳王驕，日久國多姦。」又說：「南方卑溼，君能日飲，毋苛，時說王曰：毋反而已，如此幸得脫。」他的侄兒非常瞭解這個叔父的個性，怕他在面對驕矜自是，且滿被奸佞包圍的吳王時，仍不改變他嫉惡直諫的個性，所以勸他注意自己身體，每天只管自己飲酒，以預防潮溼的南方溼氣，不可苛刻勸諫，只要適時的勸告吳王不可謀反就好了。

袁盎接受了侄兒袁種的忠告，所以，當他在吳國的時候，頗受吳王之器重和厚遇。不久就達成勸說吳王不可造反的任務而回到京城來了。

三十八、鼂錯被斬於東市

別疏人骨肉。（袁盎晁錯列傳）

鼂錯的為人耿直深刻。漢文帝時，濟南有一個以前秦的博士叫伏生，是研究尚書的，當時因已九十幾的高齡，不能再應文帝的徵召，於是，文帝就派遣鼂錯到伏生住的地方去學習尚書。當學成回來，文帝便命鼂錯做太子的老師，因為他的口才好，很得太子的寵愛，號稱為智囊。

後太子即位，是為景帝，提拔鼂錯為內史。鼂錯經常對景帝建言，景帝都能聽信，那時，鼂錯的名望，甚至超過了九卿。

以前，在漢文帝時，鼂錯就曾上書，建議削減諸侯之封地和更改法令，但是，文帝沒有聽從。現在，鼂錯已位極權重，於是大力的清諸侯之罪，削其土地，沒收他們的領土，造成了諸侯的諠譁，鼂錯更因此和竇嬰發生了爭執。鼂錯的父親聽說了，特地從家鄉趕來，對鼂錯說：「上初即位，公為政用事，侵削諸侯，別疏人骨肉，人口議，多怨公者，何也？」

這是告誡鼂錯，皇帝和諸侯乃骨肉相連的關係，你怎能使他們互相爭鬥呢？鼂錯回答說：「不如此，天子不尊，宗廟不安。」後來鼂錯的父親飲藥而死，死前對人說：「吾不忍見禍及吾身。」他自殺十餘日後，吳楚等七國諸侯起來造反，都以誅鼂錯為起義之名，經過袁盎、竇嬰的勸說，景帝只好斬鼂錯於東市，以期平息七國之亂。

三十九、任俠重義之交

不以親為解、不以存亡為辭。（袁盎鼂錯列傳）

袁盎被派到楚國去做相的時候，也曾向文帝上奏，文帝都沒有採用，因此，袁盎就辭官回家。他在故鄉和同鄉里的人相從甚歡。

有一天，雒陽的劇孟來袁盎家拜訪，袁盎熱忱的招待了他。這事被安陵的一個富人知道了，就很不以然的責備袁盎，說他怎可與一個好賭博的人交往呢？

袁盎就回答他說：「劇孟雖博徒，然母死，客送葬車千餘乘，此亦有過人者。且緩急人所有，夫一旦有急，叩門不以親為解，不以存亡為辭，天下所望者，獨季心劇孟耳。」

的確，當我們有了緊急事故時，在我們身旁的人，不一定是我們可以依靠的。因為，在那時，有些人以「親在」作為理由，有些人以「比父母早死，是為不孝」來作為推辭，而像劇孟那樣任俠重義的人，在我們周圍的確不多。

四十、貧賤者才有資格驕傲

夫諸侯而驕人則失其國、大夫而驕人則失其家。（魏世家）

子擊是春秋末期魏國國君文侯的兒子，當時是魏國的將軍。有一天，他在朝歌的街上遇見了魏文侯的老師田子方的馬車遠遠而來。子擊就有禮貌的將自己的馬車避在一旁，又下車去謁見田子方。沒有想到，田子方居然並不向他回禮。子擊當時的心裡很不痛快。

於是，子擊就找了個機會，想要向田子方問個究竟，子擊問他說：「富貴者驕人乎？且貧賤者驕人乎？」意思是說，富貴的人可以在人前驕傲呢？還是貧賤的人可以在人前驕傲。他滿以為田子方一定會回答「富而不驕」的，沒有想到田子方卻回答說：「亦貧賤者驕人耳。」他的意思是說，當然是貧賤的人可以在人前表示出驕傲。

他又說：「夫諸侯而驕人，則失其國；大夫而驕人，則失其家。貧賤者，行不合、言不用，則去之楚越，若脫躧然，奈何其同之哉！」

從他的話中知道，富貴的人是不能隨便驕傲的，否則就會失去他的富貴，而貧賤的人，本就沒有任何東西，所以就不怕會喪失什麼，因此，一旦遇到行不合言不用的時候，他自然可以瀟灑的，像換掉一雙拖鞋那樣，去到其他的地方。

四十一、情勢比人強

痿人不忘起、盲者不忘視。（韓王信盧綰列傳）

韓王信是戰國時代韓襄王的孫子。沛公劉邦引兵去攻打陽城後，又派張良、韓司徒去降服了韓國的故地，得到了信，讓他做韓將軍，這位韓將軍信和淮陰侯韓信，並非是同一人。

韓王信帶兵跟從沛公入武關後，沛公立為漢王，韓王信又隨之入漢中，他對漢王說，應該先去平定三秦，才能和項王爭天下。漢王因此而許信為韓王，先拜為韓太尉，到了漢二年就封信為韓王。

當那時，漢的邊界匈奴為亂，韓王信自己請求去治馬邑。不久匈奴單于冒頓率大兵圍攻信，信不得已，好幾次派遣使者到屯奴那裡去求和，剛好此時救援的漢軍來到，懷疑信對漢文帝有二心，而責備信，韓王信恐怕自己會遭誅殺之罪，於是乾脆投降匈奴，和匈奴約定一同去攻打漢軍。

漢將軍柴武寫信給韓王信，勸他歸降，韓王信回信說：「今僕亡匿山谷間，旦暮乞貸蠻夷，僕之思歸如痿人不忘起，盲者不忘視也，誓不可耳。」他的意思是，腳不好的，比常人更想自己站起來；瞎子比常人更希望用眼去看，出亡的人，自然更希望回歸故里，但是眼前的情勢使他不能呀！

韓王信終究沒有再回到漢朝，後來，漢的柴武和屠參兩位將軍在一次戰爭中，合斬了韓王信。

四十二、患難識真情

一死一生、乃知交情。（汲鄭列傳）

汲黯的祖先世代為衛國的寵臣，到了汲黯，被遷為滎陽令，汲黯不恥於這樣的官位。皇上聽了，乃召拜中大夫的官職。汲黯研究黃老之學，為人性格倨傲，不講禮數，如遇到合自己意的人，就善待他；若是不合他意的人，他就一點也不容忍。他這樣的個性，使他在得勢、位居要津的時候，賓客十倍；到了失勢的時候，就自然而然變得門前車馬稀的景況了。

翟公在位居廷尉的官職時，家中來往的賓客也是盈門，到了他被廢官的時候，則可以說是門可羅雀的。等翟公又再度復職為廷尉，那些以前來的賓客又都想來拜訪，翟公就在大門外寫著：「一死一生，乃知交情；一貧一富，乃知交態；一貴一賤，交情乃見。」

的確，如果沒有死生、貧富、貴賤的前後對照，人又怎看出友情、世態的冷暖和炎涼呢？

四十三、騶忌子的反應

狐裘雖敝、不可補以黃狗之皮。（田敬仲完世家）

騶忌子是一個辯士，很得齊威王的寵信，他和齊威王相見只不過三個月，便做了齊國的宰相。

有一天，有個滑稽家名叫淳于髡的，來看騶忌子，淳于髡說騶忌子是個善於遊說的人，願意有些意見提供給他。騶忌子就說，願意聽聽教訓。起先，淳于髡教訓騶忌子伏事君主的事，騶忌子聽了，只點頭說：「謹聽您的吩咐。」後來，淳于髡又教他如何為君主駕車，騶忌子又說：「謹從吩咐。」然後，淳于髡又說：「狐裘雖敝，不可補以黃狗之皮。」而騶忌子則回答說：「謹受令，請謹擇君子，毋雜小人其間。」

淳于髡的意思是：名貴的狐裘雖破，不可補上黃狗的皮。而騶忌子很快就反應道：「我會接受你的教訓，謹慎的結交君子，而不會有小人的朋友。」

當淳于髡說完，走了出來，到門口，對他的僕人說道：「騶忌子這個人，我對他說了五件暗諭，他不僅回答得快，而且像回聲一樣。這人不久必定能封侯的。」過了一年，騶忌子果然在下邳被封為文侯。

※　　※

別人藉我們過去所做的事判斷我們，然而，我們判斷自己，卻是憑自己將來能做什麼事。別當最有才智的人，宜做最有德性的人；勿當最有權勢的人，宜當最嚴謹、最方正的人。

四十四、大丈夫能屈能伸

信能死、刺我。不能死、出我袴下。（淮陰侯列傳）

淮陰侯韓信，是淮陰人。他在少年時代，家境貧窮，常要依靠他人接濟過活。他曾受一個洗衣婦的施捨飯食，而對那洗衣婦說：「以後我必定會報答。」洗衣婦就責罵他說：「大丈夫不能自力更生，我只為可憐你而施捨，誰望你報答呢？」

在韓信的家鄉，有一批靠殺豬為生的少年，有一天故意要侮辱韓信，就對韓信說：「若雖長大，好帶刀劍，中情怯耳。」意思是看不慣韓信長得人高馬大，每天佩帶刀劍，內心恐怕是懦弱的。於是當時就有許多人一起來侮辱韓信，其中一人更說道：「信能死，刺我；不能死，出我袴下。」也就是對韓信說，你如不怕死，就來刺殺我，如果怕死，那就要從我袴下爬出去。

聽得這話的韓信，注視對方良久，然後俯下身子，從那人的袴下爬了出來。當這時候，全市場圍觀的人都在譏笑韓信，認為他太懦弱了。

後來韓信拜淮陰侯，回到家鄉，將當年那屠中少年找了出來，並對他說：「當年，我是有能力殺死你的，只是那時若殺了你，亦沒有幾會揚名，所以只得忍著，以致於才有今天我的成就。」

四十五、以長擊短，不以短擊長

兵固有先聲而後實者。（淮陰侯列傳）

韓信率領軍隊和趙國成安君所率領的二十萬大軍作戰。韓信看準了成安君是個儒者，打仗絕不會用詐謀奇計，於是在泜水附近擊敗了成安君，並斬了成安君，這消息震驚了全天下，而韓信善戰的名聲，也大大的被人稱道著。

但是，韓信並不殺和成安君一起作戰的廣武君，非但如此，並親自解下綑綁廣武君的繩子，叫他向東坐在老師的位置上，自己向西對著他，用對老師的禮待他。並問他如果現在要去攻打燕國和齊國，應如何才能建功。

廣武君回答說：「你今天一舉而攻破趙二十萬大軍，又誅成安君，名聞海內，威震天下，這固然是你的長處，然而，今天你的軍隊已勞累疲憊，若以這樣的軍隊去攻燕和齊，是不會有利的。」廣武君接著又分析說：「善用兵者，不以短擊長，而以長擊短。」短是自己的缺點，而長是指自己一方佔的優勢。後來韓信接納了廣武君的意見，終於使燕國投降。

四十六、以德服人

破觚而為圓、斲雕而為樸。（酷吏列傳）

孔子說：「道之以政，齊之以刑，民免而無恥。道之以德，齊之以禮，有恥且格。」意思是說，如只是拿政令、刑罰來整治人民，人民雖不敢犯法，但是不會有知恥心的。

而老子的看法是：「上德不德，是以有德；下德不失德，是以無德。法令滋章，盜賊多有。」老子認為法令愈多，所定的法律條文愈苛細，盜賊反而會多了起來。

在秦朝，法令訂得極嚴密，然而奸偽之事不斷，到了最後，上位和下位的人彼此蒙蔽。官府治百姓的法子，好像救火，愈救火越熾，阻止水的沸騰而水更沸。如此，政治又怎能振作呢？

孔子曾很感慨的說：「聽訟吾猶人也，必也使無訟乎！」孔子的理想是能以道德感化，達到沒有訟事的境界。

所謂「破觚而為圓，斲雕而為樸」是指把有稜角的東西使它自然成圓的，把雕斲砍伐過的東西，還它原來的質樸。因為漢初，實行黃老無為而治的政策，法網寬疏，簡直可用「吞舟是漏」來形容，然而社會風氣反而好起來，奸詐的事也少聽到了，那麼，照這樣看起來，治理天下，該採用孔子、老子所說德來治理，而不是法了。

四十七、君子交絕不出惡聲

古之君子、交絕不出惡聲、忠臣去國、不絜己名。（樂毅列傳）

戰國中期，諸侯們因為害怕齊湣王之驕暴，於是採用合縱之策，與燕國一起去伐齊。燕昭王曾對樂毅有恩，樂毅為了報答燕昭王而願意帶兵，昭王就封他為上將軍，趙惠文王也授相印給樂毅，於是樂毅率領了趙、楚、韓、魏、燕五國的大軍去伐齊。

樂毅的軍隊和齊兵作戰，把齊國打得大敗，連下七十餘城，使齊國只剩下莒和即墨二個城沒有被攻下。此時，燕昭王死了，他的兒子燕惠王即位，燕惠王在做太子時就不喜歡樂毅。

齊國田單聽說了這事，就用間諜去向燕王說：「因為樂毅和新的燕王之間有嫌隙，所以故意不攻下那兩城，準備自己南面稱王。」燕王一聽，馬上以騎劫去代替樂毅的上將軍位置，樂毅怕回國後會被定罪，就逃亡到趙國去了。

後來燕軍戰況不利，燕惠王寫信給樂毅，向他謝罪，並希望他歸國，樂毅在回信中說：「臣聞古之君子交絕不出惡聲，忠臣去國，不絜己名，臣雖不佞，數奉教於君子矣。」因為他自稱受君子之教，所以在與燕交情斷絕而去趙的時候，不出惡聲，不絜己名，這的確是只有君子才能做到的。

四十八、伍子胥善始卻不能善終

善作者不必善成。善始者不必善終。（樂毅列傳）

樂毅在給燕惠王的回信中還又說：「臣聞之，善作者不必善成，善始者不必善終。」這意思是說，開始去作的人不一定能完成，而有好的開始的人，也不一定能有好的結果。他並且舉出一個例子來證明。

吳國的伍子胥曾屢向吳王闔廬進諫，而吳王也都能採納他的諫言，所以，使吳的國富兵強，甚至有一次還攻打到了楚國的都城郢去。可是，闔廬死後，他的兒子夫差即位，不但不接受伍子胥的諫言，反而對伍子胥下賜死之令。伍子胥死後，又把他的屍骨裝在馬革裡，然後把他丟到長江。夫差絕沒有想到因為自己不能和先王一樣重用伍子胥，因而使吳最後喪國辱身。而伍子胥也沒有先考量到先後二主的不同，以至於落到被賜死，投江的下場。

樂毅之所以對燕惠王如此說，是自比於伍子胥，但卻不願自己重蹈伍子胥的覆轍的意思。

四十九、聖亦聖，愚亦愚

上日聞所不聞、明所不知、日益聖智。（袁盎晁錯列傳）

袁盎被派到吳國去以後，由於聽了侄兒袁種的勸告，很得到吳王的厚遇。有一天，他告假回家，在路上碰到了丞相申屠嘉，袁盎當即下車去拜見丞相，行臣子之禮，沒有想到申屠嘉只是車上隨意的向他還禮而已，並沒有下車的意思。袁盎回家後，越想不對，就到丞相府去求見。

丞相申屠嘉過了很久才召見他，袁盎就跪著向丞相說：「我們的皇帝在每天上朝時，如果遇到有郎官上書，就一定會停下他的車駕，親自聽那人說，如果不能用的建議就擱置，如果是可以用的意見，就採納，用這樣的態度不僅能招致天下的賢才，而且可以讓皇上每天聽到自己以前不知道的事；了解自己以前不明白的事。就是因為這樣，皇上一天天的有智慧起來。而丞相卻是以箝制天下人發言的方法治天下，這樣一來，一定就日益愚昧下去，皇上終有一天會責備你這位愚相的，那麼，丞相的災禍看樣子就在不久之後了。」

申屠嘉聽了以後，態度馬上轉變，立刻請袁盎上座，並奉為上賓。

袁盎對丞相所說：「日聞所不聞。明所不知，日益聖智。」就是後來所謂「聖益聖，愚亦愚」一語的來源。

五十、完璧歸趙

相如持其璧睨柱、欲以擊柱。（廉頗藺相如列傳）

趙惠文王得了楚國的「和氏璧」，秦昭王聽到了這事，就寫信給趙王，願意以十五個城和趙國交換「和氏璧」。趙王和大臣商議，一方面懾於秦國的勢力，另一方面又恐怕秦願意以十五個城來交換只是一個騙局。有個叫繆賢的太監就向趙王推薦自己的舍人藺相如去辦理這次的交涉。

當藺相如捧和氏璧給秦王看的時候，秦王十分高興，並給左右的人傳觀，相如看他並沒有給趙十五個城的意思，就上前說，這璧是有瑕疵的，我來指給陛下看。於是秦王把璧玉交回到相如手裡，相如拿到了璧，倒退幾步，靠在殿中的庭柱上，生氣的對秦王說：「趙王齋戒了五天，差我送璧到你們秦來，可是你們秦卻倨慢不遜，又沒有給城的誠意，所以我便把璧收回來，如果你們一定要強逼我，我的頭今天便和這璧一同碎在這柱子上。」說完，相如就做出要向柱子撞去的樣子。

在國際間的交涉上，正是需要像藺相如這樣的智慧和勇氣，才能不辱使命。

《小知識一》

老子和孔子

司馬遷的父親司馬談，對「黃老之學」很有研究，司馬遷自然也承襲了父親這方面的思想。黃是指黃帝，老是指老子。漢朝初年，黃老的思想對人民的影響是超過儒家的。如果說儒家的態度是積極的、入世的，那麼黃老思想的道家態度就是尊重無為、自然，而拒絕參與政治的。

孔子曾經到周朝去問禮於老子，老子以「博辯廣大，危其身者，發人之惡者也。為人子者，毋以有己」之言贈給孔子。孔子從周回到魯國，對他的弟子形容老子時說：「至於龍，吾不能知其乘風雲而上天，吾今日見老子，其猶龍邪！」龍是我們很難見到的動物，孔子用龍來形容老子的淵博、偉大。老子對孔子的贈言是很適當的，在中國的哲學思想中，道家思想對儒家思想可以視為有著一種均衡的作用。

五十一、刎頸之交

鄙賤之人、不知將軍寬之至此也。（廉頗藺相如列傳）

史記中記載廉頗和藺相如「卒相與驩，為刎頸之交」的故事。刎頸之交後被用作指朋友交情篤厚的意思。其實，廉頗和藺相如在成為刎頸之交前，曾有著一段經歷。

藺相如完璧歸趙以後，因為有功，趙王拜他為上卿，爵位比廉頗的還要高。廉頗以為自己做趙國的將軍，有攻城的大功，而相如只是費點口舌，爵位就在自己之上，所以很不服氣。他對人說，如果他碰到相如，一定要羞辱他。

相如聽了，就想盡法子來避開廉頗，每日上朝，他都推說有病；在路上看到廉頗，就趕緊把車避開。他的舍人看他如此做法都很不以為然，認為相如懦弱。相如對他們解釋說：「面對秦王我尚且不畏懼了，何況是廉頗，我之所以避著廉頗是因為我想秦國所以不敢發兵攻打趙國，不過是畏懼趙國有廉頗和我二人，如果我和廉頗鬧起來，勢必使國家力量削弱。」廉頗聽到藺相如說的話後，就袒露著上身，向藺相如來請罪。於是就留下了「刎頸之交」的這一段佳話。

五十二、禮待賢士

將門必有將、相門必有相。（孟嘗君列傳）

齊國的田嬰，領有薛的封地。他原已有四十多個兒子，後來他的賤妾又生了個兒子，名叫文。田文是五月五日出生，田嬰就吩咐他的母親把文丟掉，可是文的母親卻偷偷的撫養了文。後來田文長大了，他的母親就帶他去見田嬰。文見了父親，就責問父親為什麼不撫養五月五日生的孩子，田嬰回答說：「這孩子長大後會不利於父母，所以不養。」田文對田嬰說：

「父親擔任齊國的相，至今有三朝，可是齊的土地沒有加廣，而你自己家中的私蓄卻累積了萬金，門下也不見有一個賢者。我聽人家說，將的門下有將來往，相的門下要有相來往。如今你後宮裡的人吃得好，穿得好，而你門下的士，連一件短衣都沒有呢！」

田嬰覺得文說得有理，就以禮對待田文，叫他主持家務，款待賓客。自從田文主持家務後，賓客一天天的增多，名聲便傳到各國諸侯那裡去了。諸侯都派人到田嬰家來，要求田嬰立田文為太子，田嬰死後，文果然立在薛地，他就是戰國四公子之一的孟嘗君。

五十三、一視同仁

孟嘗君客無所擇、皆善遇之。（孟嘗君列傳）

孟嘗君在薛，招致賓客諸侯到自己門下，連那些逃亡有罪的人，都來歸附孟嘗君。孟嘗君更不惜家產，優待諸賓客，因此，盡把天下的士子給招來，使食客達幾千人之多，孟嘗君不管他是貴是賤，都待之如同自己一般。孟嘗君於食客，並不加以揀選，都一視同仁，所以食客個個都願和孟嘗君親近。

齊湣王時，秦昭王請求孟嘗君到秦去相見。孟嘗君到了秦國，有人對秦王說，孟嘗君是很能幹的人，以後一定不利於秦，於是秦王就把孟嘗君拘禁起來，準備殺死他。孟嘗君便差人到秦王寵幸姬妾那裡去求救，那個被寵幸的姬妾回答說，如果能得到白狐裘，就可想辦法救孟嘗君。

那時，孟嘗君早已把白狐裘獻給秦王了，正在無法可想時，賓客中有個曾做卑賤的「狗盜」的人說，他可以把白狐裘給弄到手。果然他以模仿狗的樣子去偷了白狐裘，拿去給那位幸姬，而那位幸姬當下就去向秦王關說，秦王果然放了孟嘗君。

五十四、雞鳴狗盜之徒

客之居下坐者有能爲雞鳴。而雞齊鳴。（孟嘗君列傳）

當孟嘗君一行人匆匆走到函谷關前，秦王又後悔不該放走孟嘗君，他馬上差騎兵快馬去追，那時，邊關的法律是雞叫了才能打開關口的門讓人進出。這時食客中有個卑賤的客人，能學雞叫，『史記』上說：「客之居下坐者，有能為雞鳴，而雞盡鳴。」就是指這件事，當這個人一學雞叫，附近的雞都跟著叫了，然後關門打開了，孟嘗君就乘機逃出秦國，安然回到齊國去了。

當初孟嘗君把「狗盜雞鳴」二人收在食客中，其餘的賓客都很看輕他們，等靠著這二人的技巧使孟嘗君逃離危難，賓客便都佩服這二人了。

五十五、狡兔三窟

長鋏歸來乎、食無魚。　（孟嘗君列傳）

當馮驩投到孟嘗君門下為食客時，他是非常貧窮的，所有的財產只有一把劍。有一天，他彈著他的劍唱道：「長鋏歸來乎，食無魚。」孟嘗君就讓他搬到「幸舍」裡去住，住在「幸舍」裡的食客，吃飯時是有魚吃的。

過了五天，馮驩又彈著劍唱道：「長鋏歸來乎，出無車。」孟嘗君就讓他搬到「代舍」裡去住，「代舍」裡住的食客，進出有車轎可坐。

過了五天，馮驩又彈起劍唱道：「長鋏歸來乎，無以為家。」孟嘗君看到馮驩這樣得寸進尺，便對他不以為然起來。

後來，馮驩曾為孟嘗君收債於薛，市義而歸，並對孟嘗君說明「狡兔三窟」的道理，因為馮驩的高瞻遠矚而使被齊王嫉妒的孟嘗君得有安身立命的所在。

這說明了不可輕忽所謂的「貧賤」之人。

五十六、孔子在陳蔡絕糧

不容何病。不容然後見君子。（孔子世家）

當孔子帶領弟子一行走到陳國、蔡國交界的地方，楚國國君便差使者前去聘請孔子。孔子很願意到楚國去為官，於是準備去拜見楚君。陳、蔡的大夫知道孔子要去楚，就商議說：「孔子是個賢人，大國的楚如今要聘請他去做事，這對陳蔡是很不利的。」於是兩國就派了許多人，把正行走到野外的孔子包圍起來，孔子走不出去，糧食也沒有了，跟去的學生也都餓得病了。

孔子為了安撫學生，就和學生們一一談話。到了輪到顏回的時候，孔子就說：「回，詩云：匪兕匪虎，率彼曠野，吾道非耶？吾何為於此？」孔子是問顏回：「詩經上說，不是兕，不是老虎，偏偏跟了一大群在曠野中。難道我的道理有不是的地方嗎？我怎會到了這地步呢？」

顏回就回答孔子道：「夫子之道至大，故天下莫能容。夫子推而行之，不容何病？不容然後見君子。」顏淵的話，是說老師的道理，大到極點，所以天下的人不能容納你。雖然如此，老師請您還是依舊照道理推廣去做，因為有人不能容納你，才顯得你是個君子呢！

孔子這次的「陳蔡之阨」，終究因為聽到顏回的回答，而使孔子欣然而笑，後來孔子差子貢衝出包圍到楚國去報告，楚昭王才發兵來迎接孔子，而結束了這次的災禍。

五十七、大人有大量

纍纍如喪家之狗。（孔子世家）

孔子從宋要到鄭國去的時候，在途中和他的弟子們走散了，孔子一個人站在東門的外城邊上等著弟子們。

有人對子貢說：「在東門城外，有一個人，他的額頭像堯，他的頸子長得像皐陶，他的肩膀長得像子產，然而他腰部以下的長度，和大禹比起來則差了三寸。不過整個人看起來是『纍纍如喪家之犬』的。」

當子貢找到了老師，把這人所形容的話告訴了孔子，孔子聽了，不但不生氣，反而欣然笑說：「外表的樣子算什麼呢？倒是將我比喻成喪家之犬，的確像呀！」

孟嘗君也曾有類似遭人譏笑的情形。當他從秦逃回到齊的中途，去拜訪趙國的平原君。平原君的臣僕將孟嘗君延請進宮後，在外面說道：「孟嘗君長得不像我們所聽說的樣子，他看起來是個平凡、個子矮小的人。」孟嘗君的下人，聽到這樣的批評後，就把那些人殺了。

若我們將這兩件比較起來，就立刻可以明白大人物之偉大，他的肚量是不同於一般凡人的。

五十八、胸懷大志

燕雀安知鴻鵠之志哉。（陳涉世家）

陳涉、名勝，陽城人，秦二世元年，與吳廣起兵，不久即自立為楚王。

在他少年時，曾被雇替別人耕種田地。有一天，他覺得很辛苦，便停止工作，跑到田壟上去休息，心中為自己的終日辛苦悵恨了許久，自言自語道：「如果將來得了富貴，切莫忘了現在苦楚。」旁邊一個跟他一起被雇用的農夫譏笑他說：「你是個種田的，怎麼能富貴呢？」陳涉長歎著說：「燕雀安知鴻鵠之志哉！」

燕雀是指一般平凡的人；鴻鵠是大雁，用來比喻有大志向的人。

陳涉由一個田間的佃農而自立為楚王，固然是因為他宿鴻鵠的大志，然而能把握機會才是真正的關鍵。若以一個想要追求富貴的人而言，陳涉的確是把握了最好的時機。

五十九、王侯將相本無種

壯士不死即已、死即舉大名耳。（陳涉世家）

秦二世元年七月，秦派遣九百人去戍守漁陽。這一行人屯駐在大澤鄉，陳勝、吳廣為隊伍中的屯長。他們恰巧碰到天下大雨，道路不通，眼看著不能在規定日期內到達漁陽了，若不能在規定的日期內到達，那麼，全體戍邊的人員都要被處斬。陳勝和吳廣就商議說：「反正逃亡被捕也是死，起來造反也是死，要死的話寧可為國而死。」

陳勝說：「壯士不死即已，死即舉大名。王侯將相寧有種乎？」

意思是說，壯士如不死便罷，如果要犧牲的話，自然是要能張揚自己的名聲，世上的王侯將相，那裡是因為他們本來遺傳就是可以做王侯將相的呢？

因為大雨，而使陳勝、吳廣能獲得造反的契機，這也成為中國歷史上的一個轉捩點。

六十、客愚無知

客愚無知、顓妄言、輕威。（陳涉世家）

陳勝自立為楚王後的六個月，有一天，一個以前和陳勝一同被雇去從事耕田的農夫，因為聽說陳勝做了王，就來扣陳勝的宮門，求見陳勝。宮門的守衛看他是個粗鄙的人，要把他綁起來問罪，農夫就申辯說與陳勝是舊識，才被放了，但是卻不肯為他通報。

剛好陳勝因有事走了出來，這個農夫就去阻擋陳勝的路，並大叫陳勝的名字。陳勝聽到了，就召見他，和他同乘一輛車回到宮中來。這個人一進了宮，就一直驚歎宮殿中的帷幕深沈，而說個不停。

這時，有人就對陳勝進言說：「客愚無知，顓妄言，輕威。」這是說：這樣的客人太愚昧無知了，而不考慮的隨便講話，將會使陳勝王失去了威儀。陳勝聽了進言，就把這個農夫殺了，這件事發生後，許多陳勝以前的故舊、好友，都紛紛離開了陳勝。因此，在陳勝的左右，沒有一個人是和陳勝親近的了。

六十一、劍一人敵，不足學

書足以記名姓而已。劍一人敵、不足學。學萬人敵。（項羽本紀）

項籍是下相地方的人，字叫羽。當他初起時，才二十四歲。他的叔父叫項梁，梁的父親，就是有名的將軍項燕，後來被秦國的將軍王翦所殺。

項氏世代為楚國的將軍，封於項，所以姓項。項羽在小時候，因為讀書沒有什麼成就，項梁叫他去學劍，所以他丟掉了書，去學劍，後來劍又學不成，項梁對他這樣的行為非常生氣，項籍回答他的叔父說：「書足以記名姓而已。劍一人敵，不足學。學萬人敵。」他以為，讀書的目的不過記錄些姓名罷了。劍不過才能抵敵一人，這都不值得去學，他要學可以抵抗得了上萬人的兵法才好。

項梁聽他這樣說，以為他是有大志的人，快活極了，便教他兵法，但項籍也只是在略知一二以後，即不肯再學了。

六十二、彼可取而代也

彼可取而代也。（項羽本紀）

項梁曾經犯了罪，櫟陽的獄官常要來捉他，於是他就帶了項籍（項羽）一同躲避到吳中去。

吳中的賢士大夫，都在項梁的管轄之下，每次吳中發生了重大事故，項梁都能主持，而且處理得當，因此，吳中的人都知道項梁是個有能力的人。

有一天，秦始皇帶隨從一行到會稽遊玩。他正在渡過浙江時，項梁和項籍在一旁觀看，項籍看了，便說：「彼可取而代也。」這話的意思是說「這人的位子是可取代的」，項梁聽他說得狂，便急忙用手掩住了他的口話：「毋妄言，族矣！」自然，說出這樣侮蔑君王的話，是要滅族的。不過，從項籍說出這話以後，項梁便對項籍另眼相看了。

項籍身長八尺多，力大能夠扛鼎，才氣又超過別人，所以吳中子弟都很怕他。

六十三、項籍先發制人

先即制人、後即為人所制。（項羽本紀）

陳勝起義之後，會稽的太守殷通對項梁說：「浙江以西的地方都起來造反，這是上天要亡秦的時候了，曾聽人說過一句話：先即制人，後則為人制。只有先發動的，才能制服別人；落後了，就要被別人所制服。」項梁便出來告訴項籍，叫他拿劍在外面等候。項梁又走進去，和太守坐在一起，對太守說，請你喚項籍進來吧，太守答應了，項梁就把項籍叫了進來，然後對他用眼睛作暗號，於是項籍就突然拔劍把太守的頭斬了下來。項梁拿了太守的頭，佩了他的印綬，那些下臣聽到發生了事變，都驚慌失措起來，因而被項籍擊殺的，共有數百人。

吳中的人因害怕而服從了項梁和項籍。於是他二人差人到各縣去徵兵，得了精兵八千人，於是項梁做了會稽的太守，項籍是他的副將，不久他們就率領這八千精銳，渡過浙江，向西面進攻去了。

六十四、大丈夫的本色

嗟乎、大丈夫當如此也。（高祖本紀）

漢高祖劉邦，字季，邦為諱名，豐邑中陽里人。父叫太公，母叫劉媼。

很早的時候，劉邦的母親劉媼，坐在一座大的湖澤旁休息，彷彿間，好像有神明來跟她說話，正當這個時候，天上雷電交作，天色暗了下來。劉邦的父親太公因不見妻子，就出來找她，他看到有一條龍盤旋在劉媼所在的天上。劉邦的母親回到家不久，發現自己有了身孕，後生下一子，就是漢高祖劉邦。

劉邦長的樣子是鼻子高高的，臉孔有如龍頭，鬍鬚生得很美，在他左邊的大腿上有七十二顆小黑痣。他為人仁慈喜施捨，胸襟非常豁達，常表現不凡的度量，只是，當他少年時不願意和他的家人一起從事生產的工作。

到了三十歲，他嘗試謀得一個官職，做了泗水亭的亭長，但是，他仍舊沒有一點認真做事的樣子，喜歡呼朋引伴，長飲到醉，又愛上一個叫王媼的女子，常和那女子廝混。

有一次，劉邦到咸陽去，看到秦始皇的車駕經過，他就歎著氣說：「嗟乎！大丈夫當如是也。」

在同樣是看到秦始皇的情況下，劉邦說：「大丈夫當如是也。」而項羽則說：「彼可取而代也。」使人可以明顯的從二人的言語上去判斷此二人的性格，這是司馬遷在『史記』裡，常用的技巧。

六十五、鑑人之明

此非兒女子所知也。（高祖本紀）

單父縣有個叫呂公的人，因為家中常有貴客蒞臨，所以在沛的豪傑，都前往道賀，蕭何就是他的臣下。

那天，劉邦也登門去拜訪呂公，當劉邦正要升堂去謁見時，呂公遠遠看到劉邦走進來，就連忙趕到門口，親自來迎接劉邦。原來，呂公會為人看相，他因為看到了劉邦的相貌，覺得他日後必是個王侯，所以，特別敬重他。後來，呂公留劉邦飲酒，等喝完了酒，呂公就對劉邦說，我向來會看相，也看過很多人的相，但是，沒有一個人能像你一樣。我有一個女兒，希望你能納她做妻妾。

這樣決定以後，呂公的妻子呂媼，很憤怒的指責呂公說：「你不是常想把這個女兒嫁給貴人嗎？像沛縣縣令來求親，你都不願意，現在為什麼又隨便的許配給劉邦了呢？」

呂公聽到妻子的責備，就回答說：「此非兒女子所知也。」最後終究還是把女兒嫁給了劉邦，呂公的女兒，就是歷史上鼎鼎有名的呂后，生孝惠公主。

六十六、宋義論兵法

夫搏牛之虻不可以破蟣蝨。（項羽本紀）

宋義曾在楚國遇到齊國的使者高陵君，而對高陵君說：「楚的武信君這次戰役必戰敗。」後來武信君果然戰敗了。兵還沒有交戰，卻能預先看出敗仗的徵兆，這是很懂兵法的人才能做到的。

高陵君便向楚王推薦宋義，楚王因而用宋義做上將軍。以項羽做次將，范增做末將，一起去救趙國。

宋義等率兵到了安陽時，竟下令在那裡逗留了四十六天，而不肯再向前進。項羽就向宋義建議：「我聽說秦軍包圍趙王的地方是在鉅鹿，那麼我們應趕快渡河，如果我們從外面打，趙軍在裡面接應，必定能把秦軍打敗的。」

宋義卻說：「不然，『夫搏牛之虻，不可以破蟣蝨。』現在秦攻趙，秦如戰勝則兵疲，那麼，我們可趁他們疲累去攻他們；如果秦兵不勝，那麼，我們就引兵到西邊去等著他們，必定可以一舉把秦打敗。」

宋義的比喻是說，凡是和牛搏打的虻蟲，卻不能打死一隻蝨子。如果秦勝趙，秦軍必然疲累，可以趁機去打；如果秦攻趙敗，而我們向西進兵，也一定可以攻破秦。但是，聽到宋義這樣說明，項羽並不以為然。

後來，項羽趁著早晨要到上將軍那裡去朝見的時候，就在營帳裡，把宋義給殺了，然後差人去報告楚懷王，懷王於是就叫項羽做上將軍，率全軍渡黃河。

六十七、鴻門宴

大行不顧細謹，大禮不辭小讓。（項羽本紀）

項羽的四十萬大兵屯駐在新豐的鴻門，沛公的兵十萬駐紮在霸上。亞父范增對項羽說：「要趁機趕快去攻打沛公，不可失了這機會。」

楚國的左尹項伯，是項羽的叔父，因曾被張良營救，所以素來與張良的私交很好。張良這時跟著沛公做事，於是項伯就星夜到沛公營中來求見張良，告訴張良，項羽要殺沛公的消息。後來張良又把項伯引薦給沛公，沛公一見項伯，對項伯執胞兄之禮，並定下了親戚的關係。

第二天，沛公帶了一百人馬到鴻門求見項羽，以求和解，項羽就留沛公飲酒。在席間，范增屢次以目示意，並且又用玉玦作為表示，叫項羽殺了劉邦。可是項羽一直毫無動靜。范增便叫項莊利用獻酒，舞劍的機會去殺沛公。那知，當項莊舞劍時，項伯也跟他一起拔劍起舞，且好幾次用身子去蔽護著沛公。

坐了一會兒，沛公起身到廁所，順便喚樊噲出來，樊噲催促沛公逃走，沛公說：「我還未辭謝，怎麼能走呢？」樊噲就說：「大行不顧細謹，大禮不辭小讓。」是指成大事時，顧不得小節的意思。於是沛公就和樊噲、夏侯嬰、靳彊、紀信四人步行回去，而結束了這一場「鴻門宴」。

六十八、錯失良機

豎子不足與謀。（項羽本紀）

張良等沛公和樊噲一行四人步行逃離鴻門，估計約莫走到了軍中，才進入殿中向項羽辭謝，說：「沛公己醉，不能親自辭謝，差我拿白璧一雙，獻給大王；玉斗一雙，獻給亞父。」

項羽一聽他這樣說，急問：「沛公現在何處？」張良回答說：「沛公聽說大王要對他不利，所以，他已脫身逃回軍中去了。」

項羽只得把璧收下，放在坐位的旁邊，亞父范增受了玉斗，卻放在地上，拔出身邊配帶的劍，把玉斗敲破，說道：「豎子不足與謀，奪項王天下的，是沛公啊！我們這些人就快要成為他的俘虜了。」

「豎子」即今所言的「小子」的意思。范增所說的「豎子不足與謀」，其實是『史記』作者司馬遷自己的意思，只不過他透過范增的口說出，以作為對「鴻門宴」一事的論評。至於「豎子」到底是指誰，是項莊，抑或項羽，是頗耐人思索的。

六十九、楚人一炬

富貴不歸故鄉、如衣繡夜行。（項羽本紀）

「鴻門宴」後幾日，項羽就帶兵向西進攻，一路殺到了咸陽。秦王子嬰出宮投降，被項羽殺了。然後，項羽放了一把火，把秦的咸陽宮給燒了，據說，這把火一直燒了三個月之久。

項羽進入咸陽以後，大量的搜尋宮中的奇珍異寶和宮中的美女，等到已覺滿足後，才準備回到東方的家鄉。

底下的人聽說項羽並不打算留居咸陽，就來勸他，說：「咸陽城位居關中，東有函谷關，南有武關，西有散關，北有蕭關，正是山河阻塞，形勢險要的好地方，而且土地肥饒，如果以咸陽為都城，就一定可以稱霸天下。」

項羽眼見咸陽已被火燒得滿目瘡痍，殘破不堪，加上他連年爭戰在外，心懷思鄉之情，想要回到東邊的家鄉，所以就對勸說的人道：「富貴不歸故鄉，如衣繡夜行，誰會知道你的富貴呢？」

後來，由項羽的這句話，演變成了「錦衣夜行」的成語。

七十、沐猴而冠

人言楚人沐猴而冠耳。果然。（項羽本紀）

當那個勸說項羽以咸陽為都的人，被項羽以「富貴不歸故鄉，如衣繡夜行，誰知之者」的理由拒絕了以後，十分不屑於項羽這魯莽行事的行徑，於是，那人就說：「人言楚人沐猴而冠耳，果然。」項羽聽到那人這樣說，認為是極大的侮辱，於是就將那人處以「烹」刑。

沐猴即獼猴，是猴的一種。沐猴而冠，是說獼猴戴帽子，用來譏諷人家虛具儀表，實無人性。另外也有一說是喻猴性急躁，不耐久，以喻楚人性情急躁。

不論是那一種說法，指責項羽「沐猴而冠」，對項羽這樣個性的人而言，都是不能忍受的奇恥大辱，故而，難怪說這話的人，要遭到烹於釜的命運了。

七十一、觀察人的五條途徑

家貧則思良妻、國亂則思良相。（魏世家）

魏文侯對李克說：「先生嘗教寡人曰：家貧則思良妻，國亂則思良相。」這是說，李克曾告訴魏文侯，當一個人貧窮時，必得有賢慧的妻子來輔助他振作；當一個國家的政治紊亂時，就要有良相來佐理國君，治理國家了。

魏文侯接著又問李克，既然國亂思良相，那麼，在魏成子和翟璜二人之中，應選擇那一個人來作魏國的相呢？當李克聽到魏文侯這樣問他後，他並不直接回答。

李克只說：「只是你平常沒有怎樣去注意觀察人罷了，如果你曾注意到觀察一個人的話，你會發現，我們能從五條途徑去決定一個人的為人處事是否得宜。那五條途徑就是：一、觀察一個人平時和那些人走得親近；二、觀察一個人在富有時，怎樣對待別人；三、當一個人顯達以後，他舉用怎樣的人；四、當一個人困窮時，他仍不願做的是什麼事；五、當一個人貧賤時，他的操守如何。」

李克對魏文侯說，你只要根據這五條途徑去觀察魏成子和翟璜二人，就能做出很正確的選擇了。

七十二、魏成子為相

卑不謀尊、疏不謀戚。（魏世家）

因為魏成子是魏文侯的弟弟，所以當魏文候詢問李克，魏成子和翟璜二人，要選擇那一個人來做魏國的宰相的時候，李克很為難的答道：「臣聞之，卑不謀尊，疏不謀親，臣在闕門之外，不敢當命。」李克是以「位低的人，不便為位尊的人來作決定，關係較疏遠的人，不能為關係較親的人來作取捨」的道理，作為不為魏文侯決定誰能為宰相的理由。

雖然李克沒有為魏文侯決定可由誰為宰相，但是，當他出宮後，他對誰將成為魏國的宰相，心裡已有數。所以，他就去造訪翟璜，並告訴翟璜，一定會由魏成子為宰相的事。

翟璜一聽，生氣得都變了臉色，說：「我怎麼會不如魏成子呢？我曾經向魏王推薦了西門豹、樂羊、吳起、李克、屈侯鮒等賢人，我怎會不如魏成子！」

李克回答說：「你怎能和魏成子相比呢？魏成子的俸祿有千鍾，可是他只留十分之一在家，而將十分之九拿出來，因此，他得到了卜子夏、田子方、段干三人，又向魏王推薦了五個重要的人物，你如何和魏成子相比呢？」

翟璜聽了李克的分析，覺得不好意思起來，就向李克拜謝說：「我真是個鄙陋的人，說錯了話。」翟璜後來做了李克的弟子。

七十三、升堂入室

由也升堂矣、未入於室也。（仲尼弟子列傳）

仲由字子路，卞人也。少孔子九歲。子路的個性粗鄙好勇，本來對孔子並不以禮待之，後來，因為孔子設計說服了他，所以才投到孔子門下為弟子。

子路曾向孔子請教怎樣可以成為一個君子，孔子回答：「應崇尚義才是，君子好勇不講義，則必會亂；小人好勇不講義，必淪為盜賊。」

孔子對子路的評語是：「升堂矣，未入於室也。」德業的境界，我們常用升堂入室一詞比喻，就源於此。這本是對鄙夫的子路而言，能進入孔門學術的「堂奧」，已是難得的，所以，我們可將此句話，視為孔子對子路的讚美，而非貶抑。

因為子路處處表現出他好勇的個性，所以，有一次，孔子對人說：「由也好勇過我，無所取材。」又說：「若由也，不得其死然。」這是預言子路因為好勇，而不得壽終的意思。後來衛國發生戰亂，孔子知道子路在衛，就說：「子路這次要死了。」不久，子路果然因為被牽連而處死。

七十四、平原君殺笑躄者

以君爲愛色而賤士、士即去耳。（平原君虞卿列傳）

從平原君家的樓房可以居高臨下的看到一排普通人家的房子，那排房子中住著一個躄者——跛腳的人。

有一天，跛子一步高一步低的走到井邊去打水，被住在樓中的一個平原君家的美人看到，不知不覺的大笑了起來。第二天，跛子到平原君家裡來，對平原君說：「我聽說你是愛士人而輕姬妾的人，所以士人才不遠千里而來到你這裡。昨天，你後宮中的人看到我的跛足而譏笑我，我希望得到那個笑我的人的頭，才肯罷休。」平原居聽他說完，笑著應了一聲「好」，跛子就回去去了。

過後，平原君笑著向左右的人說：「看這個低賤的小人，竟然為了譏笑他的緣故，要我殺了美人，這要求不是太過份了嗎？」於是他就沒有把跛子的要求放在心上。過了一年多，賓客和門下的舍人慢慢離去，幾乎要超過一半。平原君感到奇怪說：「我款待他們並沒有失禮的地方，為什麼離開的人會那麼多呢？」門下有一個人就回答說：「這是因為你不肯殺那笑跛子的人的緣故，所以別人就以為你是『愛色而賤士』的人，像這樣，你門下的養士自然都要離去了。」

於是，平原君就去殺了那個笑跛子的美人，把他的頭割下，並親自送到跛子家去，當面向他謝罪，這樣一來，門下的士才又慢慢的回來了。

趙的平原君、齊的孟嘗君、魏的信陵君、楚的春申君，被稱為四公子，以競相收養食客而聞名，食客中不少賢人異士，他們也曾得到食客們的許多幫助。

七十五、危急現人性

雖急不可以驅、奈何棄之。（項羽本紀）

漢二年的春天，漢王劉邦率五十六萬大兵，向東去伐楚。項王聽說後，馬上派別的將軍帶兵去打齊，而自己則帶了精兵三萬人，從南邊出胡陵，準備迎戰漢軍。到了四月，漢軍進入了彭城，一時之間，漢軍只顧著搜刮虜掠城內貨寶美人，趁著此時，項王轉向西，在天尚亮的時候，痛擊漢軍。到了中午，就大破漢軍。

漢軍被殺得敗走，有些退走不及的，只好相繼跳入彭城附近的穀水和泗水。就在這次戰役中，項羽的軍隊殺漢軍十餘萬人，漢軍繼續向南逃去，到了靈壁縣東邊的睢水附近，後面的楚軍仍然不斷湧至，又殺了漢軍十餘萬，把所殺漢軍的屍體棄在睢水裡，使睢水為之無法流動。

當漢軍受重重包圍時，忽然，從西北方向颳起一陣大風，吹斷了樹木，吹倒了房屋，一時裡天昏地暗，飛沙走石，正迎著楚軍而來。楚軍不由得亂了陣腳，漢王就在亂兵中，和部下數十人騎馬逃遁而去。本欲回到沛縣去帶同家人一起再逃，然而楚軍在後面追得很急，只得作罷。

漢王走在路上，剛好碰到孝惠公主，就載著一同走。後面的楚軍仍緊追不捨，漢王的車因人多過重，走不快，而急得把孝惠公主推下車去，駕車的滕公卻將她救上來；像這樣推下救上共有三次。

滕公於是對漢王說：「雖急不可以驅，奈何棄之。」

在危急的時候，只能顧及自己，而將別人驅而棄之，恐怕也是人性之一吧！

七十六、分我一杯羹

必欲烹而翁，則幸分我一桮羹。（項羽本紀）

漢王的軍隊落敗，引兵渡河，駐紮在廣武。此時，項王已平定東海，正向西發兵，和漢軍同時駐在廣武。兩軍對峙，情勢緊張，這樣的局面維持了好幾個月。這時，楚軍的糧食被斷絕了，項王非常煩惱，於是想到以漢王劉邦的父親為人質，以要脅漢王紓解自己被困的糧食。

他做了一個高高的台子，把漢王的父親太公綁在上面，然後告訴漢王說：「今天你如不趕快投降，那麼我就要烹了太公。」漢王說：「我和你都是以臣子之禮受命於楚懷王的，懷王曾告訴我們兩人要約為兄弟，既然如此，我的父親就是你的父親，如今，你要烹了我的父親，豈不等於是要烹自己的父親嗎？那麼，也請你分我一杯羹吧！」

項王聽漢王這樣說，大怒，要殺了太公，項伯阻之，並說：「自古要爭天下的人必是不顧家的；而且你即使殺了太公，也無益於事，只會成為禍端。」項王聽從他的話，就沒有殺太公。

七十七、寧可鬥智而不鬥力

吾寧鬥智、不能鬥力。（項羽本紀）

項羽軍和劉邦軍對峙在廣武，像這樣，楚漢兩軍久久相持不下，天下百姓因為長期為戰爭之累頗受其苦。於是，項王就對漢王說：

「天下如此的敗亂，有好幾年了，只是因為我們兩人呀！我願意向你挑戰，以一決雌雄，不要再讓天下的百姓受苦了吧！」

漢王就笑著辭謝說：「吾寧鬥智，不能鬥力。」

後來，又有好幾次項王向漢王挑戰，但漢王都不願接受。於是，有一天，項王拿了大弓射中了漢王，漢王受傷後，逃入成皐城。

這是歷史上有名的，關於鬥力和鬥智的故事。

未來的成就完全是在掌握分秒中造就出來的，智力也是由現在累積而成。

七十八、以鴻溝為界中分天下

中分天下、割鴻溝以西者為漢、鴻溝而東者為楚。（項羽本紀）

鴻溝為地名，在滎陽附近二十里的地方。

當項王在睢陽聽說海春侯的軍隊敗了，就帶兵回來，那時漢軍正好把鍾離昧包圍在滎陽東邊，聽說項王帶兵回來，都怕楚軍，就都避開了

這個時候，漢軍的士氣旺，糧食充裕，而楚軍兵疲糧缺。剛好，漢王派陸賈去向項王要求放回人質太公。項王不願意，漢王又派侯公去說，並且提出了中分天下的約定，割鴻溝為界，鴻溝以西歸漢，從鴻溝以東的地方則為楚。

項王應允了這樣的劃分，就把漢王的父母妻子等人質放回去了。楚軍知道中分天下的約定後，都齊聲為項王歡呼萬歲。

因為這次的和議成功，所以封侯公為平國君，但他隱匿起來，不肯接受。既然楚漢已有鴻溝之約，項王就帶兵回到東邊去了。

七十九、養虎遺患

養虎自遺患也。（項羽本紀）

項羽和劉邦之戰，項羽的楚軍勢力漸漸衰弱，而劉邦的漢軍卻勢力增強。當鴻溝之約講定，漢王正想帶兵西去的時候，張良和陳平都來見漢王，說：「現在我們漢雖然有了天下的大半，而且諸侯也都附庸我們。可是楚卻正是處在兵疲食盡的時候，這是上天要滅亡楚，我們不如乘此機會，而將楚一舉殲滅。今天如果我們放棄了這大好機會，不去攻打楚，這就是所謂的『養虎自遺患也』。」

將楚比喻成虎，如果不乘虎疲累時去擒獲，到最後難免不受老虎的禍害。

漢王聽到張良、陳平這樣的意見以後，十分贊同，完全沒有把鴻溝之約當作一回事。於是在漢五年的時候，追殺項王到了陽夏的南邊。

這個故事說明了不可讓弱方有喘息的機會，以免日後「養虎遺留後患」。也說明了平時武備的重要，不能因和談休戰而完全放鬆。

八十、項羽范增受人離間

願請骸骨歸。（陳丞相世家）

陳平向漢王獻計說：「對項王平日如骨鯁在喉的是亞父范增、鍾離昧、周殷等人，如果我們能拿出一筆金子，去買通楚方的人，行反間之計，離間項王和他的臣下，以項王那種容易猜忌，好聽信讒言的個性來看，必使楚軍的內部大亂，然後我們舉兵去進攻，必能獲勝。」

於是漢王拿出黃金四萬斤，交給陳平。陳平運用這些金子，買通了楚軍中的反間諜。首先散布謠言說鍾離昧等功臣從未得項王之封地，所以準備要和漢王合一滅楚而分王。項羽聽到這謠言，果然不再信任鍾離昧、龍且、周殷等臣子。

後來，項王因為懷疑，而派使者至漢去探問，當漢的臣子接待項王的使者時，故意說：「原來是項王的使者，我還以為是和我們約好的亞父范增的使者呢！」項王使者回去後，把這樣的話報告了項王，項王又大大的懷疑亞父了。

亞父急著想攻下滎陽，由於項王對他的不信任，所以不理會他的建議。亞父聽說項王懷疑自己，就生氣的對項王說：「天下事，大定矣。君王自為之，願請骸骨歸。」願請骸骨歸，後來就被用來作為臣子請辭歸鄉的說辭。

范增回去後，還沒走到彭城，就因為背上長了瘡，而死在半途。

八十一、四面楚歌

夜聞漢軍四面皆楚歌、項王乃大驚。（項羽本紀）

由於漢的離間之計成功，使項羽失去了他的相——亞父范增。項羽頓時有失了左右手的感覺。那時，項羽的楚軍，本已兵疲糧缺，更因為許多大臣走的走，降的降，而士氣低落了。

那天，劉賈、彭越的軍隊來到了垓下，詣見項王。項王也將軍隊駐紮在垓下，因為一路下來，士卒已所剩不多，加上糧食也將要吃完，而在垓下的外面，漢兵和其他諸侯的兵又把他重重包圍了。

晚上，項羽愁坐在軍帳之中，正在抑鬱、煩悶的時候，忽然聽見四周的漢兵軍營裡，都唱著楚人的歌曲。這其實是漢軍的攻心之計，然而那時已感窮途末路的項羽大驚起來，說道：

「莫非漢軍已經得到楚了嗎？為什麼有那麼多的楚國人在唱歌呢？」

後來，人們就把受周圍責難，沒有人站在自己這一邊的情況叫「四面楚歌」。

八十二、力拔山兮氣蓋世

力拔山兮氣蓋世。時不利兮騅不逝、騅不逝兮可奈何。虞兮虞兮奈若何。

（項羽本紀）

半夜裡，項王一人在軍營裡喝酒。他有一個美麗的寵姬，名叫虞。後人因之稱她為虞姬。虞姬常不離項王的左右，他又有一匹好馬，名字叫騅，是他時常騎的。這時，虞姬和騅馬都陪伴在旁邊。

因為愈思愈愁悵，自己便做了一首詩：「力拔山兮氣蓋世，時不利兮騅不逝，騅不逝兮可奈何，虞兮虞兮奈若何」。這首詩的意思是：「我的力能拔山，氣可蓋世，然而時運不濟了，騅也不離去，騅不離去又能怎麼樣呢？虞姬呀！虞姬呀！你將怎樣呢？」

項羽將這首詩唱了好幾遍，虞姬和著他的歌聲舞起劍來，項羽邊唱眼淚邊流個不止，在旁邊所有的人，也都跟著流著眼淚，在一片愁雲慘霧中，竟沒有人能夠抬起頭來看他。

項羽走出營帳後，虞姬以劍自刎而死，可說是紅粉以謝知己。後來，據說有人把開在虞姬墳上的麗春花，改名叫「虞美人」。

八十三、無顏見江東父老

我何面目見之。（項羽本紀）

項羽走出營帳，騎上了馬，部下壯士跟從他的共有八百餘人。當夜突出包圍，向南逃去。到了天明，漢軍才發覺，漢王以取得項羽的首級為重賞，並差灌嬰帶五千騎兵去追。待項王渡過淮河，他所帶的兵士只剩下一百多人。

項羽打算渡過烏江，到東面去。烏江亭長把船靠攏來等候為他擺渡時，對項王道：「江東雖小，也有一千方里，十幾萬人，可以自立為王，你趕快渡過去，若漢軍來了，就沒有機會了。」可是，項羽面對此情此景，卻已心灰意冷，說道：「我還渡什麼河呢？當初我和江東子弟八千人渡江而來，現在沒有一人跟我回去，即使江東父老憐而以我為主，我又那裡有面目和他們相見呢？」於是，就將自己所騎的愛馬送給了那亭長，此時追兵又到，項羽和漢軍交戰起來，他一個人就殺了漢軍數百人，自己也受了十餘處的傷。

戰到最後，項羽就對漢將呂馬童說：「我聽說漢王出一千舍和萬戶的封地來買我的頭，那麼我就成全了這件好事吧。」王翳得了項羽頭，其餘的人也上來爭奪，因為互相踐踏、殘殺，而死的共有幾十人。

一般人常言：「要爭這一口氣。」其實真正有功夫的人，是把這口氣嚥下去。留得青山在，那怕沒柴燒。終究留有後路，才有東山再起的機會。

八十四、一技之長

富爲上、貴次之。（日者列傳）

太史公司馬遷說，古代那些從事占卜的人，所以沒有被記在史書裡面，是因為他們的事蹟太多，因而不能被紀錄保存，而唯有司馬季主是有史可考的。司馬季主本是楚國的賢大夫，曾到長安遊學，通易經、黃帝老子之學，博學多聞，見識遠大。

他曾經對宋忠、賈誼二位大夫論了一篇大道理，在他的談話中，他引用了古代聖賢修己治事之道，可見得他並非是一般見識淺陋，術道不精的占卜者所能及的。一個從事卜筮的人，要建立他的名聲於天下，往往就在於他是否有東西可以相傳。所以，司馬季主曾對人說：「富為上，貴次之。」財富是生活之所需，故而為上；貴是指地位。等富貴都有了，還要能求得一項技能，方足以立身。

可以謀求的技能，不一而足，例如，男性中有黃直，婦人中有陳君夫：他們二人是以善於相馬立名於天下；齊張仲和曲成侯是以善於擊刺用劍，而立名於天下；留長孺以相豬立名於滎陽；褚氏以相牛立名。

自古以來，以技能立名的很多，上面所列的人物，除了因技能好而留名外，也還都具有不同於一般俗人的風格呢！

八十五、司馬季主論教育

非其地樹之不生、非其意教之不成。（日者列傳）

司馬季主對宋忠和賈誼論貴人之道，說：「非其地，樹之不生；非其意，教之不成。」這意思是說，如果沒有適當的環境，那種下去的植物是不會生得好的；如果沒有正當的教學內容，那麼也就顯現不出教育的成果。一個人固然具有不錯的資質，但是，如果沒有後天的輔弼，恐怕也難成就為貴人。

對於技藝的教育，司馬季主說：「應當視一個人的嗜好及性向所在來傳授他，如果能從生活中自然的去學習，這樣的學習是最容易成功。」

司馬季主雖然只是肆間一占卜之人，但他並不是一般不學無術，專事欺人的筮者。從他的言談中，不僅可以了解他的才學和教育理論，而且也發現他實際上是個教育家。

八十六、司馬季主論人生際遇

務華絕根者也。（日者列傳）

司馬季主在長安東市為人占卜。宋忠是文帝時的中大夫，賈誼為博士。有一次，宋忠和賈誼在同一天休假，兩人談論著易經中的先王聖人之道術和人情。賈誼說：「我聽說古時的聖人如不在朝廷居官，就一定是隱在卜筮或醫師這些人之中。現在朝中的三公九卿，我們是已經知道的了，何不去找個卜筮的人來試試他呢？」於是他們就一同走到市場去了。

那時正是早晨剛下過雨，司馬季主在他的店中閒坐，弟子三四人在旁邊辯論著天地之道、日月之運的問題。宋忠和賈誼進去謁見，司馬季主就延請他們坐下，對他們講了一番道理。

過了三天，宋忠在殿門外碰見賈誼，兩人相互談著話，宋忠和賈誼都以為：道行愈高的人愈可以心安理得，而權勢愈高的人則愈為危險，如果一旦擁有顯赫的勢力，那麼生命的危險就在眼前。我們每個人怎能預知自己的未來呢？

果然，不久宋忠被派去出使匈奴，還沒走到就折回來，因而獲罪；而賈誼做了梁懷王的太傅，後梁懷王墮馬而死，賈誼就因此抑鬱，最後也得病死了。這樣的結局正印證了司馬季主所說「務華絕根者也」的話了。

八十七、因子虛賦蒙召見

相如已學、慕藺相如之爲人、更名相如。（司馬相如傳）

司馬相如是四川成都人。年輕時喜愛讀書，又學擊劍，他的父母非常寵愛他，為他取了個「犬子」的小名。司馬相如讀書以後，非常仰慕藺相如的為人，於是也改名為「相如」。

在景帝時，司馬相如做武騎常侍之官，他對這樣的職位沒有興趣，因為景帝不喜愛辭賦的事，所以司馬相如一直沒有升遷的機會。後來，梁孝王到朝中來，有些游說之士也跟著他一起來，如齊國的鄒陽，淮陰的枚乘，莊忌夫子等人。相如見到這些人，非常欣賞，於是就假稱生病而辭官，也投到梁孝王的門下。過了幾年，他寫出了有名的「子虛賦」，但當梁孝王死後，相如又只好回家，仍然非常貧窮，沒有辦法找到工作。

卓王孫有個女兒，名叫文君，那時新寡。有一天，相如至卓王孫家，文君窺見相如，當晚就與相如私奔而去。卓王孫知道後，氣得說：「絕不分一毛錢的家財給這女兒。」一身無分文的相如和文君只好到臨邛去，賣了車騎，買下一酒舍，文君當鑪賣酒，相如打雜。後來卓王孫回心轉意，相如才和文君回到成都。

有個叫楊得意的四川人，在朝廷當差，某日向皇帝進子虛賦，皇帝一讀，說：「我恨不能和這人同一時代。」楊得意說：「這是今人司馬相如作的。」皇帝就馬上下令召見司馬相如。

中國歷史上不少人因著作而成名，司馬相如就是其中一例。

八十八、所謂天道的說明

所謂天道、是邪非邪。（伯夷列傳）

伯夷、叔齊可說是善人，有高潔的品行，但最後餓死。孔子的弟子顏回，雖好學樂道，但常是吃不飽的，最後竟英年夭折。上天對待善人，就是這樣的嗎？盜跖天天濫殺無辜，炙人肉，殘暴凶惡，橫行於天下，然而卻能壽終正寢。到了現代，那專門犯忌的，卻一生安逸快樂，享受富裕，子子孫孫不斷。而那些等應該開口才開口，行事正常不循私，不正當的事不肯去做的人，卻常會碰到災禍。

對這樣的情形，司馬遷說：「所謂天道，是邪非邪？」司馬遷也對顏回和盜跖的遭遇，提出心中的疑惑——倘說這就是上天垂訓的道理，那麼，究竟天道的標準又是什麼呢？

孔子說：「道不同，不相為謀。」這也就是說各人有各人的志趣。如，貪心的人，為財寶而死；有志氣的士人，為名譽而死；誇口的人，到死也不肯捨棄權勢；

一般百姓，則只管營求生活。同是一類的人，自然互相應求。所以聖人一出，就像雲從龍、風從虎一樣，伯夷、叔齊得了孔子稱道，名譽彰顯；顏回的好學，因為孔子，而像蒼蠅附在驥，自然也能致千里，德行彰顯了。

這可以說為天道作了一個合理的說明。

八十九、義不食周粟

以暴易暴兮、不知其非矣。（伯夷列傳）

伯夷、叔齊是孤竹國國君的兩個兒子。在他們父親活著時，想立三男叔齊做國君，到了父親死後，叔齊要把位子讓給長兄伯夷。伯夷以為那是父親的遺命，不可不從，所以拒絕即位而逃走了。叔齊以為自己身為幼弟，沒有受位的理由，也跟著逃走了。於是孤竹國的人，只好立先王的次男做了國君。

伯夷、叔齊聽說周是禮賢下士的國家，就一起前去，沒想到當他們到達周的時候，周的文王剛死，其子武王向天下宣稱奉父親文王的遺命要向東去討伐商紂。伯夷、叔齊一聽，立刻跑去進諫說：「你的父親還未出殯，你就用兵器打仗，這樣可算是孝嗎?做臣子的人去殺君上，這樣可算是仁嗎？」

武王左右的人聽到伯夷、叔齊這麼說，本來要把他們二人殺了，姜太公勸阻了說：「不可殺他們。他們二人乃是義人，讓他們離去吧！」後來武王伐紂，平定天下，而伯夷、叔齊因為羞恥於周的行為，義不食周粟，隱居在首陽山，每天只是採些薇草充飢，快要餓死時，他們作了一道歌，歌詞是：「登彼西山兮，采其薇矣。以暴易暴兮，如知其非矣。神農虞夏，忽焉沒兮，我安適歸矣。于嗟徂兮，命之衰矣。」後來，他們就餓死在首陽山了。

一個人的修養——氣質，均在行、住、坐、臥四威儀中自然地顯露出來。處理事情，感情要蘊藏在理智中，與人相處，則要把感情表現在理智上。

九十、人人追求富貴

貪夫徇財、烈士徇名、夸者死權、眾庶馮生。（伯夷列傳）

孔子說：「富貴如可求，雖執鞭之士，吾亦為之；如不可求，從吾所好也。」這話的意思是：「富貴若是可以求得的，就是去做拿馬鞭的賤人，我也情願去做。若是求不到的，便依我生平所喜歡的做就是了。」

這是我們對富貴應該有的態度，我們不必汲汲於去追求財富和地位，只要依循著自己所喜歡的正道去做，則祿就在其中了。

賈誼說：「貪夫徇財，烈士徇名，夸者死權，眾庶馮生。」一般人若是貪心的人，就為財寶而死；有志氣的士子，就為名譽而死，誇口的人，到死也不肯拋棄權勢，一般百姓則只管保全自己的性命而活著。賈誼的說法中，在告訴我們，雖然人人都追求富貴，但是各人有各人的志趣和價值觀，所以，追求的手段和目標就有很大的不同了。

不過，那一直沒有機會能貴顯的人，即使時時砥礪品行，建立名譽，但若不能依附青雲直上的貴人，又怎麼能夠使自己傳名於後代呢？

九十一、魯仲連義不帝秦

彼即肆然而為帝、過而為政於天下、則連有蹈東海而死耳。

（魯仲連鄒陽列傳）

魯仲連是齊國人，他從不願仕官任職，是個品行高潔的士人。當他正前往趙國遊歷時，碰到秦國的大將白起率兵攻破了趙國的長平，並把四十餘萬大軍埋進坑穴裡。而且秦兵還繼續東進，包圍了趙的都城邯鄲。趙王知道諸侯的救兵因為畏懼秦國，而不敢發兵攻秦救趙，不知該如何才好。

魏國的安釐王本來派遣了將軍晉鄙率十萬大兵去救助趙國，但是，大軍才走到半路，卻受到秦王使者的威脅，因而把軍隊駐紮在湯陰，不再前往趙國。同時，魏王又派客將軍新垣衍秘密進入鄞鄲，藉由平原君的引薦去說服趙王，希望能和魏一起尊秦昭王為帝，令秦王歡喜，因而撤去包圍邯鄲的軍隊。

在趙國的魯仲連聽說魏國的將軍來勸趙王，想讓趙尊秦為帝，於是也因平原君的介紹，去見新垣衍。

魯仲連對新垣衍說：「秦國是個不講禮義而以殺人頭的多少作為獎勵標準的國家，他們以權詐來命令他們的戰士，以對待奴隸的方式來使役人民，」接著他又說：「彼即肆然而為帝，過而為政於天下，則連有蹈東海而死耳。」

意思是，像秦這樣殘虐人民的國家，要為帝於天下，魯仲連說，我就只有跳入東海以求死，因為我不願意成為秦的子民！

九十二、天下之士不受回報

所貴於天下之士者、為人排患釋難、解紛亂而無取也。（魯仲連鄒陽列傳）

魯仲連去見魏客將軍新垣衍，對他說：「我之所以來見將軍，是希望我能對趙國有所幫助。」新垣衍說：「先生如何助趙？」魯仲連說：「我將說服燕和梁出兵救趙。」新垣衍說：「我就是梁國人，你怎能讓我們梁出兵呢？」魯仲連說：「現在，只是因為梁國還沒有看到秦稱帝以後的害處而已，如果使梁明白了秦稱帝的害處，就一定會助趙。」新垣衍說：「秦稱帝後有什麼害處呢？」魯仲連說：「我將使秦王烹醢你們的梁王。」新垣衍一聽很不高興，說：「你說得太過份了吧！你怎麼辦得到呢？」

於是魯仲連就以紂王時的暴政為例，說了一番道理。最後，新垣衍向他謝罪說：「開始時，我以為先生只是個庸人，我現在才知道先生原來是天下的高士，我們再也不敢說尊秦為帝了。」

秦將聽說，魯仲連已說服了魏來救趙，於是將包圍邯鄲的軍隊撤退了五十里，而解了邯鄲的危機。

平原君想封魯仲連，但魯仲連再三辭謝，平原君只好設下酒宴來宴請他。酒酣時，平原君以千金獻給魯仲連，魯仲連笑著說：「所貴於天下之士者，為人排患釋難，解紛亂而無取也，即有取者，是商賈之事也，而連不忍為也。」後來，他辭別了平原君，終身都不再來見他。

世間的物質本來是為人所用，但不知足者因欠缺智慧，竟淪為「被物所用」。沒有自知之明的人，先估錯自己的能力，然後誤估他人的能力；於是從事事業，便立刻遭遇失敗。

九十三、成大事者不拘小節

惡小恥者不能立大功。（魯仲連鄒陽列傳）

魯仲連說新垣衍之事後的二十年，燕國大將攻下了齊國的聊城。聊城的人，就向燕王進燕將的讒言，將軍怕回國後燕王降罪，因此，一直守住聊城，不把聊城還齊。齊的田單攻打聊城，攻了一年多，也攻不下來，士卒死傷很多。知道了這事的魯仲連就寫了封信，縛在箭上，射給城中的燕將。

信中是這樣寫著：「規小節者不能成榮名。惡小恥者不能立大功。」

以前管仲曾射中了齊桓公的腰帶，又不顧自己所輔的公子糾，當公子糾敗，不與他一起殉死，以致於束縛桎梏，成為奴隸。但是，管仲並不以身在縲紲之中為可恥，而恥天下不治，不恥不為公子糾殉節，而覺得威名不被諸侯所知為可恥。在一般人看來，管仲似乎是不忠、不勇、不智的人，但是，他後來輔佐齊桓公，成就了春秋五霸的霸業。

九十四、去世俗之念

吾與富貴而詘於人、寧貧賤而輕世肆志焉。（魯仲連鄒陽列傳）

魯仲連給燕將的信中，還勸燕將，要除去內心的怨怒，立終身之名，這樣才能建立足以和古代三王五帝相輝映的功業，希望燕將能選擇其一去做。

燕將接到了魯仲連的信，哭了三天，還是不能決定該怎麼做，想回燕國，又因為有別人的讒言而怕被誅；想投降齊，又因為曾殺了很多齊國俘虜而不能。於是歎氣說：「與人辦我，寧自辦。」於是就自殺了。燕將一死，聊城大亂，田單就乘機收復了聊城。

田單為此要授給魯仲連爵位，魯仲連就逃到海上去隱居，不願接受。魯仲連說：「吾與富貴而詘於人，寧貧賤而輕世肆志焉。」

魯仲連說的意思是：與其要我做個有了財富和官位而屈居人之下，寧願做個貧窮低賤，不把世俗看到眼裡，而放縱自己的人。

九十五、旁若無人

已而相泣，旁若無人者。（刺客列傳）

荊軻是衛國人，他的祖先本是齊人，後來才遷到衛國。在衛國，人們本叫他慶卿，後來他到了燕國，燕人則稱他為荊軻。荊軻喜歡讀書和擊劍，曾以劍術遊說衛元君，但不被他所用。

有一次，荊軻來到榆次，找蓋聶討論劍術，蓋聶怒目視之，荊軻看到蓋聶的樣子，趕緊就跑掉了。又一次，荊軻到了邯鄲，和魯句踐在賭博時爭奪了起來，魯句踐一時大怒而叱責荊軻，荊軻也一聲不響的逃走了。

荊軻在燕國的時候，專門喜歡和一些殺狗的人，以及一個善於擊奏筑這種樂器的高漸離在一起。荊軻愛喝酒，每天都和殺狗的朋友和高漸離到市場上喝酒。等喝到了半醉，高漸離就擊筑奏樂，荊軻就在市場上和著唱起歌來，相互作樂，不久，他們一夥又都哭泣起來，完全是「旁若無人」的樣子。

荊軻雖然常和這幫酒徒來往，但他的為人，是深沈又喜好讀書的，他所到的國家，國君都稱讚他為賢人，後來他和一些長者相結伴到了燕國，燕國的一位有深謀遠慮的先知田光先生，看到荊軻不像是一般的人，就對他很好。

九十六、從容赴義

願得將軍之首以獻秦王。（刺客列傳）

那時，本來在秦為人質燕太子丹，從秦國逃了回來。燕太子本是在趙國當人質的，而秦王政也是生於趙，所以兩人在趙國時交情很好，沒想到當太子丹到秦國為人質時，秦王政卻對他很苛刻，所以太子丹怨恨秦王政而逃了回來。

太子丹想要報這個仇，可是因為國力太小而不能。而且當時秦向四方出兵，兵無不克，已經對燕造成很大的威脅了，燕太子丹很害怕，就向太傅鞠武請教法子，鞠武向太子丹推薦田光先生，田先去見太子後，又向太子引介了荊軻，並訂下了行刺的計畫。後來田光自刎而死，以消除太子憂慮洩露機密之心。

荊軻對太子丹說：「如果我去行刺秦王，但是秦王不信任我，我就沒有親近他的機會。聽說秦國正以金千斤，邑萬家求降燕的大將樊於期的頭，我如果帶著他的頭，和我們燕國的地圖，去奉獻秦王，秦王一定會見我，我才會有機會接近秦王，進而行刺。」

於是荊軻不顧燕太子丹，而私下去找樊於期，告訴他自己的意思，樊於期說：「秦王殺了我的父母、宗族，我已恨入骨髓，只是不知如何報仇。」

荊軻說：「願得將軍之首，以獻秦王，秦王必喜而見臣，臣左手把其袖，右手揕其胸，然則將軍之仇報，而燕見陵之愧除矣。」

樊於期聽荊軻這麼說，就脫下一邊的衣服，上前說：「秦王正是我日夜最感憤怒的人，我願意接受你的建議。」於是就自殺了。

生存、痛苦、戰鬥。雖有受苦，但唯有像男子漢般地忍受痛苦，才能鍊成一個堅強的人。能充實心靈的東西，乃是閃著星星的蒼穹，以及內心的道德律。

九十七、壯士一去不復還

事所以不成者、以欲生劫之、必得約契以報太子也。（刺客列傳）

那天，荊軻要出發去秦，知道這事的太子和賓客，都穿上白衣，戴著白帽到易水邊上來送行。高漸離擊筑，荊軻和而歌，唱著：「風蕭兮易水寒，壯士一去兮不復還。」歌聲由淒涼悲愴而轉為激昂慷慨，最後所有的人都不禁瞋目衝冠，於是荊軻就上車而去，始終沒有再回過頭來。

荊軻到了秦，先買通秦王寵臣蒙嘉，請他引見，秦王聽蒙嘉說，燕帶來樊於期的頭，和燕願奉秦為帝，獻給秦的地圖，大喜，乃在咸陽宮召見荊軻。荊軻捧著盛有樊於期的頭的盒子，而秦舞陽捧著裝地圖的匣子跟在後面。

當二人走到秦王座位前的階梯時，秦舞陽臉色變了。發起抖來，引起了群臣的懷疑，荊軻為他掩飾說，因他從未見過天子，所以害怕。秦王就叫荊軻取過秦舞陽手中地圖，當秦王把地圖展開到最後，藏在裡面的匕道就現出來了。說時遲，那時快，荊軻左手把住秦王袖子，右手持匕道殺了過去，但是未中，被秦王跳開，秦王的衣袖斷了，因為太緊急了，秦王無法把身邊的劍拔出來，只得環繞著柱子逃，而荊軻就在後面追。秦有法律，在殿上的大臣，絕不可帶兵器。所以，左右的秦臣只能叫秦王用劍，個個都無法上前救助。於是秦王以劍刺斷了荊軻左腿，荊軻不能行走，只得將匕首擲向秦王，卻只射中銅柱，沒有射中秦王。

秦王又殺向荊軻，荊軻身上有八處重傷，自知事已不成，倚柱而笑，很傲慢的罵著：「事所以不成者，以欲生劫之，必得約契以報太子也。」於是秦王左右的人才上前來殺了荊軻，秦王為了這次的事件，有很久的一段時間都悶悶不樂。

假如，荊軻在行事時，心中並沒有生劫之的慾念，或許，秦王就能被暗殺成功了。

九十八、毛遂自薦

夫賢士之處世也、譬若錐之處囊中。（平原君虞卿列傳）

秦國的大軍包圍了趙都邯鄲，趙王差宰相平原君到楚國求救，並和他們立約合縱，一同去攻秦。平原君要在自己門下食客中選出二十名文武均備的人一同到楚國去交涉。他所以選二十人同去的意思是，如果能順利達成目的最好，否則只有使用武力，以達成合縱之約。

可是，只選出十九個人，其他的人都不能令他滿意。這時門下有個名叫毛遂的食客，自己來向平原君說他是可以被錄用的。

平原君問他投到門下幾年，毛遂答：「三年。」

平原君就說：「夫賢士之處世也，譬若錐之處囊中，其末立見。」也就是說，賢者像囊中的錐子一樣，很快便會嶄露頭角的。而今，毛遂在門下三年，並沒有任何的表現，可見是沒有什麼本領，就不願意讓他去。

毛遂遭到平原君的拒絕，並不灰心，他向平原君說：「我直到今天才要求你把我放到袋子裡去，假如我以前就有機會處身在你的囊中，早就露出囊外了，恐怕還不止於露出些尖頭呢！」平原君沒法子，只好答應毛遂同去，其他的十九人都瞪著毛遂，譏笑他，以為他終究是沒有用的人。

話多不如話少，話少不如話好。人事的艱難與琢磨，就是一種考驗。

九十九、毛遂遊說楚王

今十步之內、王不得恃楚國之眾也。（平原君虞卿列傳）

平原君一行到了楚國，準備和楚國合縱，所以去把利害說給楚王聽。他們從早晨說起，到了正午，都還沒有什麼結果。

毛遂就拿了劍，從殿前的階梯一步步的走上去，對平原君說：「合縱的利害，只消二句話就可以決定了，今天從早晨說到現在，還沒有決定，這是為什麼呢？」楚王問平原君：「這個人是誰？」平原君說：「是我的舍人。」楚王就呵叱道：「快走下去，我在和你的主人談話，你來做什麼？」

毛遂不但不走，反而拿了劍走上前去說：「你之所以敢叱責我，不過是因為你們楚國的兵多。可是，現在十步之內，王沒有辦法再仗恃楚國之兵多人眾了。你的性命，如今在我的手裡。在我主人的面前，你敢叱罵我，是什麼道理？我聽說，湯以七十里，文王以百里而王天下，難道他們是靠著士卒眾多做到的嗎？你們楚國，有五千方里大，兵士有百萬之多，這正是你霸業的資本，而那秦國大將白起，只不過是個小孩子，你們卻敗在他手下，又是為什麼呢？」

一〇〇、三寸之舌強於百萬之師

以三寸之舌、彊於百萬之師。（平原君虞卿列傳）

毛遂對楚王說：「況且合縱也是為了你們楚國，並不只是為了我們趙國。而今在我主人的面前，你竟敢叱責我，為什麼呢？」楚王看到毛遂義正辭嚴，嚇得連聲應好，表示願意和趙合縱。毛遂道：「你說的合縱，決定了嗎？」楚王說決定了。毛遂就叫楚王左右的人，去拿雞狗馬的血來。等血拿來後，毛遂捧著盛血的銅盤，跪進楚王說：「請你第一個先歃血，決定合縱。第二個輪到我的主人，第三輪到我。」於是就在殿上訂了合縱之約。又招了那十九人也跟著做了。

平原君回到趙國後，向人說：「我從此以後不敢再相天下的士了，我相士相了一千多人，總算沒有相錯的，今天我對毛先生，卻相錯了。毛先生一到楚國，竟使我們趙國被看重得有如九鼎和大呂的鐘一樣。毛先生以三寸之舌，強於百萬之師。我從此不敢再相士了。」後來，平原君就拿毛遂當最上等的客人看待。

《小知識二》

荊軻的暗殺失敗

當初，荊軻要赴秦去行刺秦王時，燕太子丹和荊軻的知交高漸離，都來到易水送行，唱著今天我們仍覺得悲愴的「風蕭蕭兮易水寒，壯士一去不復還」的歌，或許那時候，荊軻已預感到自己不可能生還了吧！

當秦王打開地圖，在所謂「圖窮而匕見」的那一瞬，是很緊張的，司馬遷將一時楞住的秦王，後來想拔劍，而劍又太長，拔不出，以及荊軻馬上抓住他的衣袖，握住匕首的情形，彷彿如舞台上的戲劇，呈現在後代人的眼前，這發生在一瞬間的大事，終因荊軻心中存有「欲生劫之」的念頭而功敗垂成。

後來高漸離以善擊筑而被秦王召入宮，秦王先弄瞎他的眼睛，然後叫他進前擊筑，高漸離得此機會將鉛注入筑中以行刺秦王，但也沒有成功，終於也被殺了。

一〇一、弦高計退秦兵

繆公之怨此三人、入於骨髓。願令此三人歸、令我君得自快烹之。

（秦本紀）

有鄭國人到秦國來出賣鄭國的情報。秦繆公知道了，就想去攻鄭，但蹇叔和百里傒兩位老臣勸他不可，繆公仍然堅持發兵去打鄭國。

伐鄭的大軍行至半途，遇到鄭國販牛皮的商人叫弦高的，這商人得知秦將偷襲自己的鄭國，就假稱自己為鄭王的使者，以牛及革來犒賞秦軍。繆公以為要襲鄭的事洩露了，只好順便滅了旁邊的滑，滑是晉國的邊邑。那時，晉文公剛死，還未下葬，太子襄公對秦國這樣的侮辱非常生氣，於是戴著孝發兵，大破秦兵，虜獲三員大將回來。

晉襄公的夫人是秦繆公的女兒，她為那三個大將請求晉襄公說：「繆公之怨此三人，入於骨髓，願令此三人歸，令我君得自快烹之。」晉君聽了，就放了那三個大將。三個大將回到秦國，繆公素服到邊界來迎接，向三人哭著謝罪說：「我因為沒有聽信百里傒、蹇叔的話，才害你們三人受辱，你們又有什麼罪過呢？」於是恢復了這三個人的官職，而且更加厚待他們。

一〇二、上天什麼都知道

天高聽卑。（宋微子世家）

宋景公三十七年，據司星象的子韋向景公報告說：「熒惑守心，從火星的位置看來，將對宋國不利。」景公為此非常憂慮。

司星象的子韋對宋景公說：「可以把凶事移給宰相呀！」景公說：「宰相輔佐我，就像我的手足，怎麼可以這麼做呢？」子韋又說：「可以把凶事移給百姓。」景公說：「做國君的人，就是要依靠人民，也不能把凶事移給人民。」子韋又說：「那麼把凶事移給年歲吧！」景公說：「如果年歲不好，人民饑餓困乏，我這算什麼國君呢？」子韋說：「天高聽卑，您這樣的說法可以算是一個仁君，上天一定能聽到，三熒惑應該會改變不利的位置。」

下次當他去觀察星象的時候，火星的位置果然移動了三度。

真正的愛心，是照顧好自己的這顆心。待人退一步，愛人寬一寸，就會活得快樂。

一〇三、經得起考驗

孺子可教矣。（留侯世家）

張良本是韓人，他曾和大力士一同埋伏，襲擊秦始皇，失敗後，改名換姓，逃到下邳去隱匿。

有一天，張良感到無聊得很，走到橋上去散步，橋上有一個老人，看見張良走來，故意把鞋子拋落在橋下，對張良說：「小孩子，到橋下替我把鞋拾來了。」張良聽了，呆了半晌，本想為老人的傲慢而打他，只因他年紀已老，就忍著去為他拾鞋子，待張良把鞋拾上來，老人又說：「幫我穿上。」張良心想：「既已拾來，就幫他穿上也罷。」便跪了下來，替他穿好。

穿好鞋子的老人，笑一笑便走了，張良正在納悶他的行止，走了將近一里的老人，又折回橋上，對張良說：「孺子可教矣，過五天後的天亮時，你仍舊來這裡和我相會。」張良感到有些奇怪，但還是跪下答應了。

五天後，天亮時，張良去到橋上，那知老人早已在那裡等候，老人斥責他不該遲到，叫他回去，再過五天才來。

五天後的情形又是如此，直到第三次，還是半夜，張良就跑到橋上去等，老人來了，就高興的拿出一本書，說：「你讀了這本書，便可做王者的老師了。」張良接過那本書看，原來是太公望的兵法，從此張良就認真的研究兵法。

一〇四、酈食其謁見沛公

諸客冠儒來者、沛公輒解其冠溲溺其中。（酈生陸賈列傳）

酈生食其，是陳留高陽人。好讀書，家貧，沒有可以謀生的職業。因為平日言行狂傲，縣中的人都認為他是一個狂人，所以沒有人要僱用他。在沛公的麾下有個騎士，和酈生是同鄉。

有一次，騎士回鄉來時，酈生就對他說：「我希望能跟從沛公做事，你如見到沛公，就說你的同鄉酈生，年六十幾。身長八尺，人家叫他狂生，而我自認並非狂人。」騎士說：「沛公不喜歡儒者，如果有戴著儒者帽子的儒者來作客，沛公往往叫他取下帽子盛上小便。而且平常他也常大罵儒者，所以，你不能以儒生的姿態去見他。」

後來，沛公（劉邦）到高陽的傳舍，使人召酈生來，酈生去謁見沛公的時候，沛公正半躺著讓兩個女子給他洗腳。

酈生進去見了沛公，只是作揖，並不下拜，說：「您要幫秦攻打諸侯呢？還是要率諸侯攻秦？」

沛公一聽就罵他道：「你這個沒用的儒者，天下的人都以秦為苦，怎麼還說要助秦呢？」

酈生說：「當然是聚義兵去攻無道的秦。但是也不應在見長者時，如此傲慢。」

於是沛公就停止洗腳，整理衣冠，延請酈生上坐，向他謝罪。

你最好傾耳恭聽所有人說的話，但絕對不可輕信，或者寧可完全不信。我們最大的敵人不是別人，可能是自己。

一〇五、民以食為天

王者以民人爲天、而民人以食爲天。（酈生陸賈列傳）

酈生對沛公說：「陳留這地方是天下的要衝，而且城中又有很多屯積的糧食。我和陳留縣的縣令是好友，如果他能投降您最好，不然的話，請您率兵去攻打，我在城內做接應。」沛公於是派酈生去了，而自己也帶了兵跟在後面，後來真的把陳留給攻下了，就封酈生為廣野君。從此酈生常到諸侯之間去做說客。

漢三年秋，項羽軍擊漢，拔滎陽城，沛公率兵逃到鞏洛，沛公準備先屯兵在鞏洛來抵抗項羽所率的楚兵。酈生說：「我聽人家說，知道天下最重要的事，那麼王事可成；不知道天下最重要的事，王事就不可成。天子應以百姓為重要，而百姓是以糧食為重要。」酈生於是又勸沛公要繼續進兵敖倉，敖倉是天下貨物轉運站，所儲存的糧食極多，可以敖倉作為根據地，而且楚軍沒有守兵在敖倉，這正是上天要幫助我們漢的時機。

一〇六、兩雄不俱立

兩雄不俱立。（酈生陸賈列傳）

酈生又向劉邦說：「兩雄不俱立，現在楚漢相峙太久而不能決定那一方勝，百姓生活不安，天下擾攘，農夫都不想再種田，織布的女人，也離開了織布機，天下的人心是不安定的，希望您趕快進兵，收復滎陽，擁有敖倉的糧食，堵塞成皐方面的危險，讓天下的人有所歸向。何況而今燕趙已平定，只剩下齊國還沒有收復，而齊國的田地有千里之廣，田間有二十萬大兵，不是在短時間裡能攻下的，我請求讓我去說服齊王吧！讓他們齊做我們漢的東藩。」

劉邦以為很好，就依著酈生的計畫守敖倉，並派他去說齊王。

酈生對齊王說：「王，你知道現在天下人都歸向誰嗎？」齊王說：「不知道。」酈生說：「王如果知道天下歸向於誰，那麼齊國就能守住，如果你還不知天下人民的歸向，那麼齊國就不能保了。」齊王說：「天下到底歸向誰呢？」酈生說：「

歸漢。」齊王聽酈生所講的，認為很有道理，就將歷下的二十萬大軍撤走，每天和酈生一同喝酒論事。

淮陰侯韓信聽說酈生只用口舌就說服齊七十餘城投降。就趁夜去突襲齊。齊王突然聽到漢兵來襲，以為酈生故意出賣自己，就將酈生處了烹刑，帶了兵，逃到東方去了。

為自己找藉口的人，永遠不會進步；看別人不順眼，是自己修養不夠。

一〇七、衛青的身世

人奴之生、生得毋笞罵即足矣。（衛將軍驃騎列傳）

大將軍衛青，是平陽人。他的父親叫鄭季，在平陽侯家中當一名給事的小吏，後來與平陽侯的妾叫衛媼的私通，生下了一子，就是衛青。

衛青同母的哥哥是衛國的長子。姊姊叫衛子夫，衛子夫後來到武帝的姊姊平陽公主家去，而得寵幸。因為有這樣的緣故，所以衛青才冒姓衛。

衛青雖然是侯家人所生，但因為是私生子，所以小的時候，就被父親帶回家去和原來的妻子一同生活，並且叫衛青負責牧羊的工作。而父親前妻生的幾個兄長，對衛青不友善，常把他當奴隸看，並不把他看成是自己的兄弟。

有一次，衛青跟著別人一同到設在甘泉的囚房去，那裡有一個正做著鉗工的犯人，看到衛青的面相就說：「你將來一定會是個貴人的，官至少會做到王侯。」衛青笑著回答說：「我這個奴婢生的孩子，能夠不被別人鞭笞、責罵就已經很好了，那敢奢望成為貴人呢？又怎麼會有機會封侯呢？」

一〇八、衛青全家封侯

將軍所以功未甚多、身食萬戶、三子皆爲侯者、徒以皇后故也。

（衛將軍驃騎列傳）

衛青的同母姊姊衛子夫，因為到平陽公主的宮中，而被平陽公主的弟弟武帝中意，得以入武帝的宮中去侍奉武帝，當時武帝的皇后一直沒有生子，後來聽說衛子夫已懷有身孕，非常妒嫉，想對衛子夫不利。先派人去抓衛青，準備置他於死，幸好被衛青的朋友搭救，才得以不死，而且沒有想到因禍得福的是，武帝聽到這件事後，就召見衛青，拜為建章監侍中，這是衛青一生的一個轉機。

元光五年，衛青已做了車騎將軍，直擊匈奴，那時還有李廣等將軍一同隨行。衛青在蘢城斬首虜獲的匈奴有數百人，而李廣被俘，其他將軍的損失也很大。回國後，衛青獲三千八百戶之封邑，又封為長平侯。

元朔五年，武帝派衛青率三萬大兵，出高闕，去擊匈奴，在此戰役中虜得匈奴右賢王，及男女一萬五千多人和牲畜千百萬頭，於是才引兵回到關塞。武帝得知消息派使者持大將軍印，去到軍中，就在軍中拜車騎將軍衛青為大將軍。衛青回國，武帝說：「大將軍青躬率士卒大捷，虜獲匈奴王十幾人，加封六千戶，並封他的三個兒子，封伉為宜春侯，不疑為陰安侯，登為發干侯。」

當時宮中最受寵愛的是王夫人，有個叫寧乘的人就對衛青說：「將軍所以功未甚多，身食萬戶，三子皆為侯者，徒以皇后故也。現在王夫人受寵，但他宗族中沒有人得富貴，你可以拿千金去送給王夫人的的親戚。」衛青果然這樣做了。

命運與其說是偶然，毋寧說是必然。「命運操在個性中」，不是等閒產生的。

一〇九、「待罪」一辭的由來

臣幸得待罪行間、賴陛下神靈軍大捷。（衛將軍驃騎列傳）

元朔五年，當衛青戰匈奴大捷，班師回朝，武帝加封六千戶，又對了衛青的三個子為侯後。衛青向武帝謝賞賜之恩時說：

「臣幸得待罪行間，賴陛下神靈軍大捷，皆諸校尉力戰之功也。」

衛青雖然戰勝而回，得天子賞賜，但不敢沾沾自喜，把作戰之功，歸給天子之神靈，和其他部屬之努力勇猛。

由此亦可見衛青的為人，並不是好大喜功的。

因為有這樣的典故，所以「待罪」一辭，成為官吏任官在職的謙稱。官吏任官期間，戰戰兢兢，時時恐懼失職獲罪，所以都說自己是「待罪」。

盡多少本份，就得多少本事。我們除了由自己呵護命運之外，別無它法。即令用大海的全部力量，也無法改變它。

一一〇、衛青不敢專權於外

小敵之堅、大敵之禽也。（衛將軍驃騎列傳）

所謂「小敵之堅，大敵之禽也」，是說，不管多麼精銳的軍隊，人數過少，也絕對敵不過人數眾多的敵人。

大將軍衛青之下的右將軍蘇建，率兵三千，和匈奴的單于遭遇了，和單于戰了一天一夜之後，三千名兵死傷殆盡，蘇建拒絕單于的誘降，而逃回大將軍衛青的營地。

衛青和其他部眾商議，如何定蘇建之罪，有人說：「蘇建棄軍而歸可斬，以建立將軍的威望。」而閎安則說：「不然，兵法上說：小敵之堅，大敵之禽也。蘇建以三千兵力，自然抵不過單于的數萬大兵，他沒有二心投降而回，如果斬了，以後戰敗的人就不會再回來了。」衛青說：「我僥倖的以皇后的親戚而待罪，不怕沒有威望，而且我也不敢擅自專權於外，還是把蘇建交給天子，由天子決定吧！」

當司馬遷寫至此，特別讚美衛青說：「於是，以見為人臣不敢專權，不亦可乎！」這也是司馬遷寫史記人物的個性的技巧之一。

一一一、不學古人兵法

顧方略何如耳、不至學古兵法。（衛將軍驃騎列傳）

霍去病是衛青姊姊的兒子，十八歲時，就做了天子的侍衛。由於善於騎射，後來就跟著大將軍做一名剽姚校尉。所以後來唐人詩中就稱他為「霍剽姚」。

有一次，他跟從衛青出征，他自己帶著輕勇騎兵八百，離開大軍數百里，所斬匈奴超過了自己的軍隊數目，當他回國後，天子說：「剽姚校尉去病斬匈奴首級二千二十八個。」於是封霍去病為冠軍侯。

從那時候起，大將軍衛青就沒有再受皇帝之封，而霍去病則由剽姚校尉躍升到驃騎將軍，他的官位和俸祿都和大將軍相當。自此，衛青的聲望日退，而霍去病日益寵貴。

霍去病為人沈默寡言，天子曾要教他孫吳兵法，他卻回答：「顧方略何如耳，不至學古兵法。」也就是說，作戰時，只有那死的戰略又能如何呢？所以不必去學古人所留的兵法。

一一二、責任心

匈奴未滅。無以家爲也。（衛將軍驃騎列傳）

「匈奴未滅，無以家為也」的典故，正是霍去病用來回答武帝的話。武帝希望他能去看看自己賞賜給他的宅第，霍去病很乾脆的回答他說了這一句話。也因此使武帝更加的看重他，寵愛他。

然而，霍去病帶兵時，從不知體恤部下，他常有吃剩的糧食和美肉將之拋棄，而他營中的士兵卻還餓著肚子；他在塞外的時候，兵卒因吃不飽而站都站不起來，可是，霍去病卻自己穿著皮衣打毬。霍去病的為人大概都是像這樣的。

而衛青的為人就是仁慈善良的，對人謙沖和睦，對天子亦是柔婉討好的。從種種的行事看來，衛青和霍去病是迥然不同的兩種個性。

霍去病從元狩四年為驃騎將軍，經過三年，到元狩六年，就因為生病，而突然去世，當時他才二十四歲。

一一三、必勝秘笈

今以君之下駟與彼上駟。取君上駟與彼中駟。取君中駟與彼下駟。

（孫子吳起列傳）

孫臏是孫子兵法的作者孫武的後代，孫臏曾和龐涓一同去學兵法。龐涓做魏惠王的將軍，因為自知才能不及孫臏，以以計陷害了孫臏。孫臏逃到齊國，齊國大將田忌是個和善的人，以賓客之禮待他。

田忌常和諸公子一同玩賽馬遊戲，一天，孫臏對田忌說：「你只管加重賭注，我保證一定讓你贏得這次賭戲。」田忌於是就和那些公子們把賭注加到了一千金。孫臏對田忌說：「現在你先以自己的下等劣馬和對方的上等馬相比，然後再以自己的上等馬和對方的中等馬比，最後則用自己的中等馬和對方的下等劣馬比。」

田忌照了孫臏的安排去出賽，等三個回合比賽下來，田忌輸了第一回合，而勝了後面的兩個回合，終於贏得了千金的賭注。於是田忌就把孫臏推薦給齊威王，齊威和孫臏討論兵法後，就拜他為師。

一一四、因勢而利導

善戰者因其勢而利導之。（孫子吳起列傳）

後魏去攻趙，趙國緊急的向齊求救兵。齊威王本要派孫臏為將，率兵救趙，可是孫臏以受過刑的人不可為而辭謝，於是才以田忌為將，孫臏為軍師。

田忌想帶兵直接去救趙，孫臏就說：「現在梁、趙相攻，梁國的輕兵銳卒一定都調到外國去作戰了，留在梁國內的一定是些老弱的，我們趁此時機，很快的去攻梁，那梁國就一定會放棄趙國而自救。」田忌聽從孫臏的計謀，果然就如預料的，魏國的軍隊放棄了邯鄲，而和齊兵遭遇於桂陵，齊就大破梁。

過了十五年，魏國又和趙國一起去攻韓，韓向齊告急，齊就派了田忌直赴魏國的都城大梁。魏國的龐涓聽說齊兵進攻自己的都城，就離開韓而回國來了。孫臏就對田忌說：「他們韓趙魏三晉的士兵向來是悍勇而瞧不起我們齊軍的，並且認為我們的軍隊怯弱。善戰的人要會順應這種情勢而加以利用。」

於是就和田忌帶兵進入魏國，第一天紮營時有十萬個煮飯的灶，第二天減為五萬個灶，第三天又減為三萬個灶。龐涓追在齊軍的後面，看到這樣的情形，大喜說：「我早就知道齊軍是怕和我們魏國打仗的，才三天，他們的士兵就逃去超過一半了。」

一一五、孫臏射殺龐涓

遂成豎子之名。（孫子吳起列傳）

看到齊軍軍營中的灶三日來減少過半，龐涓以為這是襲齊的好時機，就放棄步兵和輕銳，加倍趕路去追逐齊軍。

於是，孫臏猜測，到了黃昏魏軍會走到馬陵附近。馬陵是個狹長的山谷，而兩旁可設下埋伏。孫臏叫人砍下一棵大樹，漆上白色後，寫上「龐涓死于此樹之下」幾個大字，又選出一萬名善射的射手埋伏在山谷兩旁，並告訴他們：「黃昏，只要一看到狹谷中有人點火，就一起發箭。」

龐涓果然在天黑時刻到了馬陵，在山谷中看到一棵樹被漆白了，似乎還有字，就叫手下鑽起火來照看，他還沒有把字看完，埋伏在兩旁山上的齊國射手就一起發箭，魏軍遭此變故剎時大亂，龐涓自知智窮兵敗，就自殺而死，在臨死前，他悔恨的說：「遂成豎子之名。」可見，到他臨死，還不甘心孫臏的智能超過自己。齊國在此戰役中，虜獲了魏太子申，孫臏因此而名顯天下。

一一六、為保命而阿諛

此特群盜、鼠竊、狗盜耳，何足置之齒牙間。（劉敬叔孫通列傳）

叔孫通是薛人，秦時以文學徵為待詔博士。後來，陳勝、吳廣在山東起兵，秦二世皇帝急著召集博士諸生來商議，有三十多的博士一起勸說皇帝快些發兵去消滅造反的徒眾。

二世聽到這消息，很不高興，叔孫通就上前，向二世皇帝說：「那些博士說的都不對，現在天下是一家的，而且上有聖明的天子，下有嚴明的法令，人人都安於自己的職位，那裡有什麼人敢造反呢？這些人只不過是一群盜賊、小偷，做些偷雞摸狗的行徑罷了，是不會有大作為的，陛下您又何必擔心呢？」

聽叔孫通如此一說，秦二世就轉怒為喜，說：「對啊！」然後他一一的問那些博士以為這個說法如何，其中，有人說是造反，也有人回說是盜賊。

於是，秦二世就命御史把那些回答說是造反的人，因為他的說錯話，而把他下到獄中；回答說是盜賊的，都叫他們回去，而賜給叔孫通帛二十匹，衣服一件，又拜他為博士。叔孫通出宮後回到自己家裡，諸生就對他說：「你為什麼會說出這樣的話呢？」叔孫通回答說：「你們那知道，我幾乎快逃不出虎口了。」此後，他就逃到薛去了。

※　　※

在他人所輕蔑的事上獲得成功，是了不起的事。因為這必須克服他人和自己。在這人世間，要幸福的路只有兩條。不是懷著大公無私的良心，便是完全不懷良心。

一一七、叔孫通制訂朝儀

我迺今日知為皇帝之貴也。（劉敬叔孫通列傳）

叔孫通到了薛，那時薛已經投降了楚，楚的項梁接收了薛後，叔孫通就跟從了他。後來，項梁敗給楚王，叔孫通又轉事項羽。漢二年，漢高祖攻入彭城，叔孫通又投降漢王。叔孫通跟著漢王的時候，穿著儒者的衣服，漢王一向討厭儒服儒冠的人，他因此趕緊換上了楚國人短衣的打扮。

漢五年，天下已經統一了，天下諸侯相會在定陶，共尊漢王為帝，叔孫通製定了儀式稱號，高祖把秦時的苛繁禮儀除去，以簡單為主，就在那慶功宴上，諸侯大臣喝罷了酒，都大叫大吼，拔劍相鬥起來，沒有一點秩序，高祖為此很擔憂。叔孫通便向高祖說：「儒者難與進取，但卻可以守成。我希望能徵求魯國的儒生和我的弟子來制訂朝儀。」

於是叔孫通徵生了魯國三十多個儒生，其中有兩個不肯跟他去，說：「你所侍奉的主人有十個之多，都是因為當面奉承，才得了親貴。我不贊成你的做法，你做的不合古道，所以我不跟你去，不要弄污了我吧！」

過了一個月，剛好長樂宮築好了，便舉行諸侯群臣朝賀的儀節，當儀式一一進行，自行朝天子的儀節到置酒，沒有人敢喧嘩的，於是高祖就說：「吾迺今日知為皇帝之貴也。」後，拜叔孫通為太常，賜金五百斤。

一一八、避免無益的辯論

食肉不食馬肝，不爲不知味；言學者無言湯武受命，不爲愚。

（儒林列傳）

齊國人轅固是景帝時的博士。有一次，他和黃生兩人在景帝的面前為了一個問題辯論。

黃生說：「湯、武二人不是受上天之命，所以應該說是弒君。」

轅固生說：「不對。夏桀和殷紂都是暴虐之君，所以天下的百姓都歸向湯、武二人；湯、武只是順應民心去殺桀和紂，是不得已而立，這不是受命是什麼？」

黃生說：「帽子雖破，還總是戴在頭上的東西，鞋子雖是新的，也還總是穿在腳上。上下要有分別，現在桀紂雖無道，但還是君上；湯武雖聖明，卻總是臣下。主上有了過失，不但不言匡過，反將之殺了，自立為王，又是什麼道理呢？」

轅固生說：「照你所說，高祖代秦即天子之位，不也是像湯武一樣了嗎？」

在一旁觀看二人的景帝，於是說道：「食肉不食馬肝，不為不知味；言學者無言湯武受命，不為愚。」聽這這樣說的轅固生和黃生，才停止了爭論，而後代的學者也才不再去弄清楚是受命呢，抑或是弒君了。

對品嘗美味的人而言，當然不一定非要吃過馬肝，才算是講究口味的人。而對學者來說，也就不一定非明白湯武是不是受命，才算是有學問的人。

※　　※

不可信賴他人。這是錯在期待的人，我們都是為「取」而生，而不是為「給」而生。

一一九、轅固生的忠告

務正學以言、無曲學以阿世。（儒林列傳）

到了漢武帝即位，因為轅固生的賢良徵他為官，因此，引起許多喜歡奉承君上的儒生毀謗他，有人說他的年紀太老，應該讓他告老才是。當時的轅固生已九十多歲，轅固生被武帝徵為博士，而薛人公孫弘則是被徵為賢良。公孫弘為人善忌，外表寬大，而內心實在莫測高深，如果誰和他有了芥蒂，他雖表面上和你為善，卻陰報其禍，如殺主父偃、徙董仲舒於膠西，都是由他一手造成的。

有一次，轅固生碰到公孫弘，公孫弘側著目看轅固生，轅就對公孫弘道：「公孫子務正學以言，無曲學以阿世。」

這是對公孫弘為人處世的阿諛態度不滿，希望他能認真做學問。因為轅固生的正直，從此以後，齊國講詩經的學者，都根據轅固生的說法。而在齊國以講詩經顯貴的人，也都是轅固生的弟子。

一二〇、牛腹中的秘密

此牛腹中有奇。（封禪書）

李少君把祭灶神，不吃五穀，而能使人長生不老的法術呈獻給武帝。武帝因之而很器重他。少君曾是深澤侯的舍人。因為他會方術，且從不對人講起自己的年紀和住的地方，也沒有妻子兒女，所以是個神秘人物。大家聽到他能使人長生不老，都拿東西送給他，所以，他也常有剩餘的金錢衣食。少君靠著方術，常能猜中人物的來歷，例如，一次少君去見皇上，皇上問少君一件舊銅器的來歷，少君回答說：「這是齊桓公十年，放在柏寢台裡的銅器。」皇上細看器上的刻字，果然是的，從此，人人以為少君是神仙。

過了好久，李少君害病死了，可是武帝並不相信他死去，而說他是化仙去了。

齊國的少翁也是以能與鬼神相見來對外宣稱。那時，武帝最寵幸王夫人，王夫人死了，少翁以她所蓋的被子召來王夫人及灶鬼的形體，天子躲在帷幕後看到這一幕，於是拜少翁為文成將軍，給他賞賜甚多，以客禮待他。過了一年多文成將軍的方術終不見靈驗。他就以帛絹寫了字，讓牛吃下去，自己佯裝不知情，然後對武帝說：「這牛的肚子裡有奇怪的東西。」武帝找人來殺了牛，看到帛絹上的字，覺得奇怪，而且筆也熟得很，就調查此事，才知道了其中原委，於是就殺了文成將軍。

一二一、顏回安貧樂道

一簞食，一瓢飲，在陋巷。（仲尼弟子列傳）

在孔子門下受業，而能精通六藝（禮、樂、射、御、書、數）的有七十二個弟子（仲尼弟子列傳中作七十七人），這些弟子個個都有他們特殊的稟賦和才能。

魯哀公曾問孔子，在弟子之中，誰最好學，孔子回答說：「有一個叫顏回的學生最好學，而且不遷怒，不貳過，很不幸的是他已經短命而死，現在再也沒有像他那樣好學的弟子了。」從孔子的回答可看出，孔子對顏回是極力稱讚的，為了顏回的夭死，孔子也一直感到悲傷和遺憾。

顏回是魯國人，字少淵，小孔子三十歲。孔子向別人形容顏回說：「他每天只吃一籃子的飯，只喝一瓢的湯，居住在鄙陋的巷子裡，像這樣的環境，一般人必不能忍受而憂愁，可是顏回卻因為一心向道而感到快樂。」

顏回在二十九歲時，頭髮就全已斑白，三十二歲時死去。他死的時候，孔子哭得極為悲痛，說：「自從顏回來到門下後，門人弟子就因為他的引導而和我更加親近了。」

一二二、彼一時也，此一時也

天下無災害，雖有聖人，無所施其才。上下和同、雖有賢者，無所立功。

（滑稽列傳）

東方朔好古籍經術，又博觀外家之語。武帝時拜為郎官，常在武帝側侍中，是一名職位低的小官。

一日，東方朔到宮中去，有一個中郎對他說：「別人為什麼都說你狂呢？」東方朔說：「像我這樣在朝為官，是避世俗之事於朝廷中，古代的人是避俗到深山中去的。」宮中的博士聽他說的這樣狂，就商議著要責難他。於是其中一人對東方朔說：「人家蘇秦、張儀去說列國的君主，而致卿相之高位，而你所誦讀詩書百家之言，也不可勝數，而且又自以為海內無雙，然而做官做了數十年，也不過是個侍郎罷了，這是為什麼呢？」

東方朔說：「這是彼一時也，此一時也的緣故啊！他們和我現在的環境是不同的。張儀、蘇秦的時代，周天子的朝廷秩序敗壞，他們二人去遊說各國君主，所以能身處尊位，澤及後代。今天，上有聖明的皇帝，他的恩澤普及天下，所以臣民的賢和不肖又有什麼不同呢？傳上不是說了嗎？天下沒有災禍發生，即使有聖人，也沒有施展他才能的地方。上下和睦，即使有賢能的人，也沒有立功的機會。你們又何必懷疑我呢？」

那些博士聽了東方朔的一番話，都默然不語，無辭以對。

※　※

唯有默默無聞的人群中脫穎而出的天才，才是能更新國民活力和精力的天才。德高望重的人，不論處在自由的境遇或處在奴隸的境遇，常是幸福的。

一二三、卜者多言誇嚴

夫卜者多言誇嚴，以得人情，虛高人祿命，以說人志。擅言禍災以傷人心。矯言鬼神，以盡人財。（日者列傳）

宋忠是大夫，賈誼是博士，那天他二人想要去找卜者談談，證驗人家說的「古聖人不在朝廷，必在卜醫之中」的說法。二人便同車來到市中的一間卜者的店中，占卜的司馬季主正閒坐，弟子三四人陪侍在旁邊。

司馬季主見二人進來，像是讀書人，就以禮待之，然後仍然繼續他和弟子的談話，論起天地、星辰、仁義、吉凶來。

宋忠、賈誼聽他所說極有道理，都正襟危坐的聽著，然後終於忍不住的問道：「我沒過見像先生這樣有學問的人，而先生為什麼居住在這樣卑下的地方，做這樣汙下不高尚的工作呢？」

司馬季主聽完他二人的疑問，捧腹大笑說：「我看你們二人是有道術的人，為什麼說出如此鄙陋無知的話？」

這二位大夫就說了：「有高官厚祿的人才是一般人以為高尚的。你是個賢才之人，卻處在不該處的地方，所以說你卑。你所說的占卜的話，不一定可使人相信；你所做的，不一定可驗證；而向人索取不當取的錢，所以說是不高尚的。你難道沒有聽到世人對卜者批評嗎？他們都說卜者是：故意做出矜誇而嚴肅的態度，來使人信任；故意抬高人家的身份和命運，來遊說別人的意志；故意假造災禍，來傷害別人的心情；故意作神弄鬼，來詐騙別人的錢財。這完全都是為了卜者自己之私利，我們覺可恥，所以才說是卑汙的呀！」

一二四、賊民的官吏

賢之行也，直道以正諫。三諫不聽則退。其譽人也不望其報，惡人也不顧其怨，以便國家利眾為務。（日者列傳）

司馬季主說：「賢人所做的是，以正直的道理去勸諫長上，如果勸諫三次，仍不被接受，就退隱不仕。當他稱讚別人，並不期望對方的回報；當他責備別人，也不顧慮會遭到對方的怨恨。賢人的作為，完全以國家、百姓的利益為考慮。所以，當不是該他做的官。他不任；不是該受的俸祿，他不居功。見人的舉止不正常，即使是高官，也不尊敬他，見到別人可恥，即使是尊貴的人，也不對他低聲下氣。照這樣的標準看來，今天二位口中所謂的『賢』，其實都是可羞恥的人。」

接著司馬季主又說：「因為你們口中的賢人，雖然是在公家做事，卻是圖自己的私利，甚至枉曲了王法，以自己的官位來助長威勢，以所仗的王法來作為機會，無非是為了自己的利益，這樣的賢者和操利刃、搶劫人民的盜賊有什麼兩樣呢？甚至比盜賊更壞呢！因為他剛開始為官，一定會有巧詐、虛飾的手段來達到晉升的目的，然後飲宴、田獵、酒色美女、不顧自己的家人、犯法害民，這不就等於是不拿武器的盜賊了嗎？」

※　※

小事不做，大事難成。並非有錢就是快樂，問心無愧最心安理得。

一二五、不能以一語斷定賢愚

騏驥不能與罷驢為駟，而鳳凰不能與燕雀為群。（日者列傳）

司馬季主反問宋忠、賈誼說：「一個人是賢是愚，難道只聽他的一句話就知道的嗎？我們觀察人的賢或愚，不可厭惡對方多說話。所以，千里馬不能和驢子一同拉車，鳳凰也不能和普通的燕子、麻雀為伴，因為牠們根本是不同類的，那麼，賢者自然也就不能和不肖的人同列在官職了。而直正的君子就只有隱居的方式，來幫助朝廷安撫在下面的百姓，這種作法也一樣能有功於國家，卻不一要求得到尊譽。你們兩人是善於說話的人，可是，你們那裡會明白這些道理呢？」

宋忠和賈誼兩人，聽了司馬季主這位隱居於市的卜者，所說出的這一番道理，突然之間，不再覺得自己是高高在上的朝廷官員，彷彿失去了鋒芒，一時悵悵然起來，說不出話。

一二六、扁鵲獲得藥方

飲是以上池之水，三十日當知物矣。（扁鵲倉公列傳）

扁鵲是勃海郡鄭國人，姓秦，名越人，年輕時在旅舍中做看守的工作。他的旅舍中有個叫長桑君的旅客來投宿，扁鵲一直覺得長桑君不像是個普通的人，而長桑君也看出扁鵲有異於常人的稟賦。

長桑君在出入旅舍的十餘年後，有一天，長桑君把扁鵲邀請到一個沒有人的地方，對他說：「我有一個秘方，因為年紀大了，想要傳授給你，你千萬不可洩露。」於是他從懷中拿張藥方，要扁鵲飲露水三十天，然後就可以看到別人看不見的東西了。後來，他又把所有記得的藥方都寫出來給扁鵲，忽然就消失不見了，似乎就像傳說中神仙的樣子。

扁鵲按照長桑君所說的方式，飲了三十天的藥和露水，果然可以透視到牆的另一邊，當他去為別人看病時，也可以看到那個人的五臟病症所在。

一二七、扁鵲到處行醫

過邯鄲，聞貴婦人，即為帶下醫。（扁鵲倉公列傳）

扁鵲路過齊國，桓侯待之以禮，扁鵲看到桓侯，就說：「你有病在腠理，要快醫治才能治好。」

桓侯不肯，偏說自己沒病，並對左右說：「做醫生的人何以這樣好利，別人沒病，硬說有病。」過了五天扁鵲對桓侯說：「你的病已進到了血脈，要快治。」桓侯依舊說：「我那裡有病？」

又過了五天，扁鵲一見桓侯，掉頭就走，桓侯派人去問原因，扁鵲說：「桓侯的病已進入骨髓，所以我已不再勸他治病了。」再過了五天，桓侯果然病倒了，他差人去召扁鵲，那知扁鵲早已經逃走了。桓侯乃因此而死。

扁鵲的名聞天下，當經過邯鄲，聽說城裡是看重婦女的，於是他就做起婦科的大夫。到了雒陽，那是周都，是重視老人的地方，所以扁鵲就變成專治老人眼睛、耳朵不靈的毛病。來到咸陽，秦國人愛護小孩子，他又成了小兒科的專家。他會隨俗變易他的醫術。秦國的太醫令叫李醯，自知醫術趕不上扁鵲，曾派人去刺殺他，但沒有成功。這是有名招怨的危險例子。

一二八、人之將死其言也善

鳥之將死，其鳴也哀；人之將死，其言也善。（滑稽列傳）

武帝時，有一次，後宮突然出現了一種怪獸，武帝親自跑去看，發現是一種從未見過的動物，他詢問左右通經術的人，也沒有一人知道這動物叫做什麼，於是武帝就下令去叫東方朔來看看。

東方朔看了一看，就說：「我知道這是什麼動物。但希望給我一頓美酒、好飯和大餐，我才會說。」武帝答應了。東方朔又說：「希望賜我田地、魚池和沼澤地數頃，我才肯說。」武帝又應許他。於是東方朔才說：「這種動物叫『騶牙』。當這動物出現，象徵遠方有人會歸服。」

過了一年，果然有匈奴混邪王帶十萬眾來降，武帝就賞了許多錢財給東方朔。

東方朔將死時，向武帝諫言說：「愷悌君子，無信讒言。」武帝向人說：「我今天去看東方朔，他說了很多好的話，讓我感到奇怪。」這事過了沒多久，東方朔就病死了。傳上有句話說：「鳥之將死，其鳴也哀；人之將死，其言也善。」說得一點也不錯。

一二九、李廣才氣天下無雙

李廣才氣天下無雙。自負其能、數與虜敵戰。恐亡之。（李將軍列傳）

李將軍名廣，隴西成紀人，他的祖先是秦時的將軍，李廣家世代傳授射法。文帝時，匈奴來犯，廣便投入軍中，因會騎馬射箭，殺了匈奴首級，生擒匈奴多人，因而升到中郎。他曾在軍隊裡衝陷敵人，殺了許多猛獸。文帝對他說：「可惜你沒有遭逢時運，若是在高祖時，就是給你萬戶侯，你也不屑做的。」

景帝即位，李廣做了隴西都尉。當吳楚造反，他跟著周亞夫去攻打吳楚的兵，因而立功。但只得一將軍印，並沒有其他賞賜。回來後，被調去做上谷太守。上谷在漢的邊境上，常有機會接觸匈奴。那時，有個主管的官員，叫公孫昆邪的，很難過的向皇上進言說：「李廣才氣天下無雙，自負其才能，數與虜敵戰，恐亡之。」

這人是說，李廣之才氣，是無人能匹敵的，但是在上谷，他因自負於自己的才能，常和匈奴交戰，萬一不敵，將是國家的損失。於是景帝就遷他為上郡太守。

一三〇、放箭射石虎

見草中石，以爲虎而射之，中石沒鏃。（李將軍列傳）

有一次，匈奴突然搶進關來，殺了遼西太守，又打敗韓將軍，韓將軍遷到了右北平，天子就召李廣做右北平太守，匈奴聽見李廣在右北平，就傳說李廣是個飛將軍，因而怕他，有好幾年都不敢進犯到右北平來。

飛將軍，言其動作迅速的意思。

李廣有一次出去打獵，見草中的一塊石頭，以為是隻老虎，就發箭射去，射中了那石頭，連箭鏃都沒入到石頭裡去了。等走近一看，才知是石頭，後來又發了幾箭，卻終究不能再把箭射進石頭裡去了。

李廣住的地方，聽說是有老虎的，李廣曾經親自去射老虎。他到了右北平，又出去射虎，虎跳起來咬傷了李廣，李廣終究還是射死了那隻老虎。

一三一、險中求勝

其射，見敵急，非在數十步之內，度不中，不發，發即應弦而倒。

（李將軍列傳）

李廣的身體很長，手臂有如猿猴一般，這樣的條件很適於學射箭。他的子孫，以及曾經向李廣學射箭的，從沒有一人的箭能射得像李廣那樣準確。李廣的為人，沈默不愛說話，和別人在一起，往往就在地上畫起行軍的陣勢，然後以射著地上的寬或狹的方式來賭酒喝，他把射箭當遊戲，終其一生，都是如此。

李廣帶兵是寬和而體恤屬下的，因此，兵士喜歡跟從他，情願替他效命。李廣在作戰，總喜歡等敵人到很接近了才發箭，所謂「非在數十步之內，度不中不發，發即應弦而倒」，就是指李廣每次作戰時固執的態度，也因為這個緣故，所以他的兵屢次受困，就是當他和猛獸相搏時，也常被猛獸所傷。

危險與時機是如影隨形的，在危險中所獲得的經驗、技術、氣量，往往是決定成功與否的契機。

一三二、年老不宜打先鋒

諸校尉無罪。乃我自失道。吾今自上簿，至幕府。（李將軍列傳）

大將軍衛青、驃騎將軍霍去病要去攻打匈奴。李廣也想一同去打匈奴，屢次請求皇上，皇上因為他的年紀已六十歲，始終沒有答應。過了很久，才勉強答應他做前將軍，和衛青等人一起出發。

到了元狩四年，衛青從匈奴俘虜口中知道他們單于所居住的地方，想要將匈奴一舉成擒。於是佈署大軍，命李廣的軍隊先和右將軍合併，出東邊再與大將軍會合。李廣不願意，他向衛青說，我是前將軍，而今卻要我走東道，我願居先鋒，和單于作殊死戰。因為大將軍衛青在臨出發前，受了皇上的告誡：「李廣老數奇，毋令當單于，恐不得所欲」，所以堅持不讓年老，且又被匈奴挫敗幾次的李廣，先去迎戰匈奴。最後，李廣在氣憤、不平的情況下，只得與右將軍會合，一起由東道去包圍匈奴。

一二三、桃李之下自有蹊徑

桃李不言，下自成蹊。（李將軍列傳）

李廣的軍隊因為和嚮導走散了，所以竟然迷了路。因此行在大將軍之後，不能適時去接應大將軍，以致使單于有空隙得以逃走。

因為這緣故，大將軍派長史去向李廣詢問他和右將軍迷路的情形。李廣不答，而衛青急著要上書向天子報告。命長史緊急的責問李廣的幕僚。李廣知道了就說：「在我下面的校尉有罪，是因為我而迷路的。」然後李廣又對自己的部下說：「我和匈奴交戰過七十多次。這次和大將軍一起出征，竟然迷路，豈不是天意嗎？我已經六十多歲了，我已無法忍受面對刀筆之吏的審訊了。」然後就以刀自刎而死。

司馬遷說，他看到李廣長的樣子，像是粗鄙的人，嘴巴不會說話；在他死的時候，天下百姓，無論以前知不知道他這個人的，聽說他死的原因，都感到悲哀，他的忠誠，使士大夫也相信，這就如經上所說的：「桃李雖不說話，而桃李之下，自有一條蹊徑。」

一三四、杜絕賄賂

今受魚而免，誰復給我魚者。吾故不受也。（循吏列傳）

公儀休，起初為魯國博士，因為人格高潔，被舉為魯國的宰相。在居相位時，奉公守法，論事一定循順法理，從不參雜私意、改變律法，所以，朝廷綱紀因而大振，百官行事也都自然端正起來。他又告誡下官：「食官府俸祿的，不能和百姓爭利，受大賞賜的人，不可貪小財。」

有一天，他的一個朋友來拜訪他，帶一條魚作為禮物要送給他，可是公儀休堅持不受。客人說：「我一直知道你是喜歡吃魚的，我送你魚，你為什麼不接受呢？」公儀休說：「就是因為喜歡吃魚，我才不能接受。現在我做了宰相，能自己買魚來吃。如果因為受了你一條魚而被免官，以後有誰會再給我魚呢？所以，我不能接受你送的魚。」

官場、商場走「後門」行「賄賂」的事件，至今仍時有耳聞。何時才能杜絕此惡文化呢？

一三五、管理為上

夫獵，追殺獸兔者狗也。而發蹤指示獸處者人也。（蕭相國世家）

漢五年，項羽已滅，天下從此安定。高祖要論功行賞，可是群臣爭相邀功，以致過了一年多，行賞的事，還是不能決定。

後來高祖認為群臣中以蕭何的功勞最大，便封他為酇侯，給他食邑也相當多。這樣的決定，使許多功臣都不服氣，大家異口同聲地抗議著：「我們每人都親赴戰場作戰，出生入死，多則打了一百多場的仗，少也有幾十場，攻城略地，功勞的大小，應在我們之間決定，而蕭何沒有任何的汗馬功勞，只是舞文弄墨，論功倒反在我們之上，是為什麼？」高祖說：「你們知道打獵的情形嗎？我比喻給你們聽。把逃去的野獸追殺了，的確是獵犬的功勞；但事先找尋野獸蹤跡，指示獵犬去追，卻是獵人的功勞。你們只是捕捉走獸，至於蕭何，他是指示你們的人。並且，你們跟從我，就只有你們自己一人，再多也不過一家二、三人，而蕭何他同宗的幾十人，都跟隨了我，這個功勞，是我不能忘掉的。」

那些功臣聽了這番話，也認為有理，都不敢再說了。

一三六、利用價值已失

野獸已盡、而獵狗烹。（淮陰侯列傳）

淮陰侯韓信一直以為漢高祖劉邦待他優厚，不願不顧道義，背叛漢王。

他的臣下蒯通說：「你自以為和漢王要好，你這樣的想法實在錯了。從前常山君和成安君二人，在還是平民時，是很知己的朋友，彷彿為對方犧牲都在所不惜。後來為了爭奪張黶陳澤的事而反目。常山王背棄項王，降漢。漢王借助他的兵力向東，殺了成安君，因為本是天下最要好的朋友，後來竟相互擒殺，而終為天下人恥笑。這是為了什麼？無非是因為人的私欲，人心是難測的呀！現在你想以忠心誠信和漢王相交，但是，你和漢王的交情豈能如當年的常山王和成安君呢？而你們之間所爭的利卻是比張黶陳澤要大得多。所以，你以為漢王不會為難你是錯的。文種和范蠡在越將亡時輔佐句踐稱霸，可是等句踐功成名就後，就殺了文種，范蠡知道時勢不對，趕緊逃走，才保住一命。野獸都打完了，那曾為主人效命的獵狗必也要被烹死的。希望你仔細想想我說的。」

一三七、時機難求

猛虎之猶予，不若蜂蠆之致螫。（淮陰侯列傳）

蒯通繼續為韓信分析道：「現在，你的威勇足以震撼君主，而且功勞大到沒有辦法再行賞了，像這樣，你歸向楚，楚必不敢用你；歸向漢，漢又妒忌你的才幹，你想歸到什麼地方去呢？你的地位雖是臣，但名望卻高過了君主，這對你是很危險的。」蒯通雖然想要說服韓信起兵，自立為王，但韓信一直不置可否的應著。

過了幾天，蒯通又向韓信進言說：「聰明的人，全靠有決斷，多疑的人，會成為禍害的源頭。千里馬若只躊躇不前，倒不如駑馬從容的走；若像孟賁這樣勇猛的武士，遲疑不決的做一件事，倒不如常人要求自己一定要做到。」

這幾句話，是說貴能實行，成功雖難，失敗卻很容易；時機難求，但卻容易錯過。可是韓信還是猶豫不決，不忍心背叛漢朝。

站在半路，比走到目標更辛苦。凡事必須要有統一和決斷。因此，勝利不站在智慧的一方，而站在自信的一方。

一三八、非人力所能及

陛下不能將兵，而善將將。（淮陰侯列傳）

漢高祖常和韓信談論將軍們各自不同的地方。有一次，高祖問韓信，假如我要帶兵，最多可帶多少呢？

韓信回答說：「能帶領十萬軍隊。」

高祖又反問韓信：「你能有帶多少軍隊的本領。」

韓信非常有自信說：「我多多益善耳。」

高祖一聽就嘲笑韓信說：「你可帶領多多益善的軍隊，有這樣大的本領，為什麼還會被只能帶十萬軍隊的我抓到呢？」

韓信回答道：「陛下雖不能帶兵，卻是善長率領大將的，這就是我被陛下所擒的原因。何況陛下的這個本領，乃是上天所賦予，不是人力所能及的。」

震動世界的秘訣只有一個，那就是強而有力。因為權力之中沒有謬誤或錯覺。

一三九、人人可爭獵物

秦失其鹿，天下共逐之。（淮陰侯列傳）

鉅鹿太守陳豨和韓信約定好要叛變，沒想到韓信的舍人得罪了韓信，韓信準備把他殺了，那個舍人的弟弟因而跑到呂后處去告密。呂后得知韓信想造反，就和蕭何定下一計，把韓信騙到宮裡，然後在長樂宮將韓信斬首。韓信臨死時，懊悔的說：「我懊悔不聽蒯通的計策，竟受了小孩和女子的騙，這豈不是天意嗎？」

漢高祖問呂后，韓信死前說了什麼沒有，呂后就將韓信說後悔不聽蒯通的一番話告訴了高祖。高祖馬上下令去抓蒯通。將蒯通抓來後，要把他處以烹刑。蒯通大呼冤枉，高祖問他何以有冤？蒯通回答說：「秦失其鹿，天下共逐之。」這裡的意思是說，秦王所遺的天子之位，天下之人都可以去爭取，而只有那有才幹的，跑得快的人能得到天子之位。跖的狗對堯叫，不是因為堯的不仁才對他叫，實在是因為堯不是牠的主人之故。蒯通說：「在那時，我只知道韓信是我的主人，而不知道陛下。而且天下有許多人正拿著兵器想要做韓信所做的事，只是力量不夠罷了。你難道能把那些人也都處以烹刑嗎？」高帝聽了蒯通所說有道理，就下令釋放了他。

一四〇、當機立斷

當斷不斷，反受其亂。（齊悼惠王世家）

齊悼惠王叫劉肥，是高祖的長庶男，即位十三年卒。其子襄立，叫做哀王。當時呂太后掌天下大權，封哀王弟章為朱虛侯，章的弟弟為東牟侯。後哀王想發兵，以朱虛侯，東牟侯為內應，準備誅滅呂太后一族的人。

齊哀王帶領舅父駟鈞郎中令，祝午中尉魏勃暗中發兵，但是被齊宰相召平知道了，於是準備派兵去保衛王宮，魏勃假意對召平說：「你想發兵，並沒有兵符啊？做宰相的人要保衛王是應該的，請讓我帶兵來保衛王宮邑！」

召平相信了他，就准他帶兵去保衛王宮，沒有想到，魏勃卻帶了兵圍住相府，等召平發現，才知己上當了，就說：「應當有決斷時，不能立即決斷，反而被亂所害了，就是像我今天這個樣子了。」說完就自殺而死。

把他人拿來做自己的鏡子，看到優點可以自我鞭策，看到缺點可以自我反省。

一四一、奇貨可居

此奇貨可居。（呂不韋列傳）

呂不韋是陽翟的大商人，他做生意一向買賤賣貴，所以累積了千金的財產。

秦昭王四十年，所立的太子死了。到了四十二年，以次子安國君繼為太子。安國君已有二十多個兒子。他喜愛一個姬妾，把他立為了正夫人，號稱華陽夫人。華陽夫人雖得寵，卻一直沒有生育。安國君有一個兒子叫子楚，因為他的母親夏姬不受安國君的寵愛。所以，子楚就被送到趙國去當人質。但是，秦國卻又常去攻打趙國，因此，使子楚在趙的處境非常難堪。

有一次，呂不韋到趙都邯鄲，看到子楚，很為他的處境可憐，繼之一想，說：「此奇貨可居。」呂不韋一向做生意賤時買進，高價賣出。當他看到子楚的遭遇。把子楚看作是可以囤積居奇的財貨，於是就去見子楚，對子楚分析秦昭王宮中的情勢說：「昭王已老，立安國君後，華陽夫人無子，若能事安國君及華陽夫人，必可立為適嗣。」子楚一聽乃頓首說：「如果能照你說的計畫這樣進行，我將來願將秦國與你共享。」

一四二、未雨綢繆

以色事人者，色衰而愛弛。（呂不韋列傳）

呂不韋於是拿了五百金給子楚，讓他去結交賓客。而自己也以五百金購買了珍奇異物，去求見華陽夫人的姊姊，希望藉由華陽夫人的姊姊，把這些東西送給華陽夫人，並請華陽夫人的姊姊在華陽夫人之前稱讚子楚，說他聰明智慧，日夜思念太子及夫人等語。

華陽夫人的姊姊果然進宮去說服夫人，她說：「以色事人者，色衰而愛弛。夫人現在雖得太子的喜愛，但應該早在諸公子中看中一個賢孝的，立為自己子嗣，那麼丈夫在時，倍受尊重，一旦丈夫百歲而逝，自己的兒子為王，就不致失去勢力。」華陽夫人聽她這樣一說，非常有道理，於是暗中去探聽子楚這個人，去探聽的人都回來報告說，子楚在趙國很是賢能，來往的人也都稱譽他。華陽夫人就找機會向安國君要求，以子楚為適嗣，安國君允許了，除了厚贈子楚外，並以呂不韋為子楚的老師。而子楚在諸侯間的名譽就大起來了。

一四三、忍痛割愛

念業已破家為子楚，欲以釣奇。（呂不韋列傳）

呂不韋娶了一個邯鄲跳舞女子中最美的女孩，而且那時已有了身孕。那一天，子楚到呂不韋家中飲酒，見到這女子，十分喜愛，要求呂不韋能賜給他。起初，呂不韋非常憤怒，但想到千金的家業已在子楚身上用盡了，必須釣得奇貨不可，於是只得忍痛把舞姬獻給子楚，自然隱瞞著她已有身孕的事。

產期到了，舞姬生下一子，名政。子楚就立此姬為夫人。秦昭王五十六年薨，太子安國立為王，華陽夫人封為王后，子楚為太子。秦王才立了一年就死了，諡為孝文王。子楚即位為莊襄王，莊襄王養母華陽夫人為華陽太后，其母夏姬尊為夏太后，莊襄王元年以呂不韋為丞相，封為文信侯。

男人被創造去征服自然，女人被創造去統御男人。前者需極大的力量，後者需極大的熟練。

一四四、一字千金

有能增損一字者予千金。（呂不韋列傳）

呂不韋為秦丞相時，家中僕人有萬人之多，那時楚有春申君，趙有平原君，齊有孟嘗君，魏有信陵君，都是諸侯間以禮賢下士，使賓客敬佩的賢者。呂不韋自以為秦之強大，不可不如他們，也招起士來，一時之間，門下士人達三千人之多。呂不韋命這些士，每人記下所見所聞，然後滙集起來成為完備的天地萬物古今之事的一本書，命名為『呂氏春秋』。書成之後，把它公布在咸陽的城門，並以千金為懸賞，看看天下的人，是否能增損其中一字，有能增損一個字的，就賞他千金。

莊襄王即位三年後死了，太子政立為王，尊呂不韋為相國，稱仲父。在秦王年少時，太后仍時時和呂不韋私通。

※　　※

在對周遭的人們下判斷之前，我們需要對自己的事，先做一番深入的檢測考察。

一四五、事機洩露

太后私與通，絕愛之。（呂不韋列傳）

秦王政漸漸長大了，然而太后仍不斷的要求與呂不韋私通。呂不韋覺得不妥。於是找了個叫嫪毒的男人來充當自己的舍人，然後，故意讓太后知道嫪毒是個頗有吸引力的男人，而想要得到他。呂不韋就建議太后假裝以宦官的名義把嫪毒送入宮去。後來，太后果然和嫪毒私通起來，並且十分喜愛嫪毒，以致懷了身孕，為了怕人知道，避居到雍去。

嫪毒自從受太后之寵後，常受厚賜，家中僮僕數千人，門下的舍人千餘人，而且太后的事，全由他代為決定，十分威風。但是事機不密，終於洩露，而讓人知道了，於是，有人就去向秦始皇密告。

※　※

在這人世間，要幸福只有一條路。不是懷著大公無私的良心，便是不懷良心。

一四六、淫亂者的結局

王欲誅相國，為其奉先王功大，及賓客辯士為遊說者眾，王不忍致法。

（呂不韋列傳）

始皇九年，有人向秦始皇密告，說嫪毒根本不是宦官，而且常與太后私亂，並已生子二人，都偷偷的撫養長大，準備等始皇薨逝，以他們的兒子來即位。

始皇聽了密告後，馬上命官吏調查其中原委，然後查知了實情，並且也知道呂相國和太后之間的事。

九月，始皇把嫪毒的三族家人全都殺了，又殺了太后所生的兩個孩子，把太后遷到雍去。將嫪毒家的舍人、家產全部沒收，令他們遷到四川去。

始皇本要殺呂相國，因為他曾事奉先王有大功，以及有賓客辯士為他遊說，所以免其相國之位，將他遷往河南，後又遷他到四川。呂不韋自己也料知遲早將被誅殺，於是飲毒酖而自殺。

一四七、士為知己者死

士爲知己者死，女爲悅己者容。（刺客列傳）

豫讓是晉國人，他曾先後事奉晉國的范氏和中行氏兩個大夫，但一直不能有所作為。後來，他轉事奉智伯，智伯知道他是有才幹的人，非常尊敬他，重用他。

後來，智伯去攻擊趙襄子，因為趙襄子和韓、魏兩國聯合起來，所以把智伯給打敗了，並三分其土地。在晉的大夫中，趙讓子最怨恨智伯，所以打敗智伯後，還把智伯的頭，用來作盛小便之器，極盡侮辱之能事。

智伯被殺，豫讓逃到山中去，他告訴自己：「士當為知己者死，女當為悅已者容。」智伯是知己者，我一定要為他報仇。於是他改名換姓，假裝是受刑的奴隸，到宮中去塗廁，挾著匕首，以待機會。那天，趙襄子在如廁時，心中感到不安，問人家塗廁的刑人是誰，知道了是豫讓，並從他的身上找出兵器，要準備行刺。趙襄子手下的人要將豫讓推出去殺了，趙襄子說：「不要，那是個講道義的人，智伯沒有後代，他的家臣要為他報仇，可算是賢人。」於是就將豫讓放了。

一四八、以國士待我

願請君之衣而擊之焉，以致報讐之意，則雖死不怨。（刺客列傳）

被釋放後的豫讓，對報仇之事仍不死心。他把身體漆黑，又吞炭使自己的聲音讓人聽不出來，整個人的樣子，讓人認不出他是誰，然後等待報仇的機會。

有一天，趙襄子外出，豫讓躲在趙襄子一定要經過的一座橋下。等趙襄子要過橋時，他所乘的馬因受驚嚇而突然驚叫起來，趙襄子就對左右說，那一定是豫讓，於是叫人把他帶上來，數落著他說：

「你以前也事奉范氏和中行氏，他們被智伯滅了，你不但不替他們報仇，反而轉去事奉智伯，現在卻又替智伯報仇，是為了什麼？」

豫讓說：「范氏和中行氏以對一般人的待遇對我，所以我也以眾人之禮對他們；智伯以國士的待遇對我，我自然也要以國士來對他。」

趙襄子說：「我釋放你的次數已夠稱得合乎義了，現在我不再釋放你了。」

豫讓說：「我聽說古代明主不掩人之美，忠臣有為名而死的義。你既然曾寬恕我，天下之人都會稱你為賢的，然而我希望你能賜我你穿的衣服，讓我擊之，以聊表報仇的意思。」趙襄子就叫人拿了衣服來，豫讓就拔出劍來，擊了三次，說：「我可以向智伯交待了。」就伏劍自殺了，他死後，凡是聽到他事蹟的人，都為他難過。

一四九、屈原遭讒

其所謂忠者不忠，而所謂賢者不賢也。（屈原賈生列傳）

屈原做楚懷王的左徒之官，他博學強記，對治國之道很有心得，又善於辭令，所以，在朝廷裡，他可以和楚懷王商議國家大事；到了外面，也可以接待賓客，楚懷王非常信任他。但同朝為官的上官大夫，每每與之爭寵，常妒忌屈原的才幹而想設計陷害他。

那時，懷王差屈原制定憲令，屈原正在起草，還沒有弄好，上官大夫看見之後想要取過來，屈原不肯給他。因此，上官大夫就到懷王的前面進讒言說：「王差屈原制定憲令，眾人沒有一個不知道的，因為每訂出一條律令，屈原都誇自己的功勞，並且還向人說：『如果沒有了我，這事就辦不成了。』」

楚王對上官大夫的話信以為真，所以，後來就越來越疏遠屈原了。

一五〇、眾人皆醉我獨醒

舉世混濁而我獨清，眾人皆醉而我獨醒。（屈原賈生列傳）

屈原痛心懷王的輕信讒言，覺得內心憂悶，而做『離騷』以表明自己的心意。這本書兼有國風的好色而不淫，小雅的怨誹而不亂的優點。

項襄王即位，又受到上官大夫的蠱惑，而將屈原放逐到江南。屈原披散頭髮，形容枯槁的在江邊走著，遇到一漁夫，漁夫看他這樣而問道：「你不是三閭大夫嗎？為什麼跑到這裡來？」屈原回答：「世上的人都是混濁的，只有我一人清白；大家都喝醉了，只有我一人是清醒的，所以被趕到這裡來。」

漁夫說：「凡是聖人，就不會太拘泥，而能順著時勢轉移。既然世人都混濁，你何不同流，一起揚波呢？既然大家都是醉的，你為什麼不也嚐嚐那酒糟、薄酒呢？為什麼固執如美玉般的個性，而招來放逐的命運呢？」

屈原聽完漁夫的話，不以為然的說：「凡是人，誰肯將清潔的身體，來受齷齪呢？我是寧可沈到江中，葬在魚肚子裡也不願意把自己弄齷齪！」於是作了懷沙賦一首，便懷抱一塊大石頭，投入汨羅江自殺而死。

《小知識二》

有關「孫子兵法」

『史記』孫子吳起列傳載：孫子，武者，齊人也。以兵法見於吳王闔閭。闔閭曰：子之十三篇，吾盡觀之矣。由此看來，孫子兵法十三篇為孫武所寫。但司馬遷記孫武後一百多年的孫臏事蹟，亦寫道：孫臏以此名顯天下，世傳其兵法。於是，孫子兵法究竟是孫武或孫臏所作，一直是無法確定的一件事。

『孫子』吳起列傳中只提到以宮中美女一百八十人，分為二隊的一種戰略是由孫武所策畫，而對孫臏的謀略才有詳細的敘述，同時也將孫臏描寫成一個富於機智的將領。因為這樣，更引起後人對孫子兵法作者的疑惑。

一九七二年，在中國大陸的山東省營雀山出土的漢代古墓中發現了『孫臏兵法』的竹簡。因為這個發現，我們當可以說：『孫子兵法』十三篇為孫武所作，而孫臏所傳，則另有其兵法，當毋可置疑。

一五一、一鳴驚人

有鳥在於阜，三年不蜚不鳴。（楚世家）

楚莊王即位的三年之中，從沒有發佈什麼政令，只是日以繼夜的耽於酒色。不僅如此，他還向全國宣布，有誰敢來勸諫的，要將之處以死刑，絕不寬貸。

那天，伍舉實在忍不住了，便上殿去進諫，楚莊公左邊抱著鄭國的美女，右手抱越國的美人，正坐在鐘鼓前聽奏樂。伍舉只好說：「我有個謎語給王猜：有鳥在於阜，三年不鳴不蜚（飛也），是什麼鳥呢？」

楚莊王回答說：「牠三年不蜚，蜚則沖天；三年不鳴，鳴將驚人。」然後叫伍舉退下，說：「我知道你說的意思了。」

過了幾個月，楚莊王更加的荒淫無度起來。大夫蘇從再前去勸諫。楚莊王見到他，說：「你不知道我已下令不能來進諫的嗎？」蘇從回答說：「我願意拼著一死來讓君主明白，這就是臣子順從的道理。」楚莊王因著他的忠心，而恍然大悟。於是從此不再接近淫樂，認真聽政。任伍舉、蘇從二人為重要官職，天下百姓也都大大的高興他的改革。

一五二、不在鼎的重量

楚王問鼎小大輕重。對曰，在德不在鼎。（楚世家）

楚莊王問政以後，大事改革，國力日漸強大起來，當年就了滅了庸。六年，去攻宋，虜獲了宋的五百輛兵車。八年，去攻陸渾戎。那一天，楚莊王到周都洛陽去參觀閱兵典禮，周定王派了王孫滿去慰勞楚莊王。

可是楚莊王恃著自己強大的國力，毫不把周天子放在眼裡，竟然放肆的問起王孫滿，周朝傳國的寶鼎有多大多重。王孫滿也明白楚莊王的居心，於是回答：「能保有鼎的是在於有沒有德，而不在於鼎本身的大小或重量。」

也因為這樣的一個典故，而使後世有了「問鼎」一辭。

※　※

擁有巨人的力量是件偉大的事。但是，若把這個力量像巨人般使用，無異是暴虐。人要自愛，才能愛普天下的人。

一五三、果斷自信的改革

疑行無名、疑事無功。（商君列傳）

秦孝公任用了商鞅以後，商鞅一直想要變法圖強，而秦孝公怕天下的百姓對於變法的事會有所議論，所以一直遲遲不能決定。商鞅見秦孝公如此，便對孝公說：「疑行無名，疑事無功，所以不能遲疑不決。而且品行高於常人的，必會受世人議論，有獨到見解的，也必定被百姓指責。為政的人，對待百姓不必和他們議論創始的事情，只可等事成之後，和百姓同樂。有道德的人，和流俗必不妥協，能成大事業的人，必定不肯和眾人商量。所以做聖人的，如果能使國強，就不必依照舊的法制，如果可以利民，也不必依循古禮的。」

孝公聽到商鞅說的一番道理，就答應了讓他實施變法。

商鞅是衛國的諸庶孽公子，名鞅，所以又名衛鞅。姓公孫氏，故名公孫鞅，秦時封於商，亦稱商鞅，商君，著有『商子』一書。

一五四、作法自斃

爲法之敝一至此哉。（商君列傳）

商鞅變法以後，對於法令的執行、百姓的教化，比秦君的命令還要徹底，還狠毒。並天天糾正秦王室貴公子的不是，連公子虔都因受了商鞅的刑罰，有八年閉門不出了。

後來，秦孝公死了，太子繼立，公子虔等以前曾受過商鞅辱罰的人，都向新王諫言，說商鞅要造反，新立的秦惠王就下令去捉商鞅，商鞅得了消息，逃到了函谷關，想在客棧裡投宿，那客棧主人並不認識商鞅，說：「商鞅之法是，凡對投宿的人，不驗明身分的，要處死罪。」

商鞅聽到這話，只好對自己說：「為法之敝，一至此哉！」

後來他終於輾轉的逃到了魏國，可是魏國懼於秦之強勢，而把他送回了秦，秦惠王不僅在黽池地方殺了商鞅，而且用車子拉著他的屍體，使分裂成五塊，對眾人說：「你們切不可像商鞅這樣造反。」

一五五、季布一諾

季布許之。（季布欒布列傳）

季布是楚國人，做人很任俠好義，所以在楚國很有些名氣。項籍派他做將軍，他曾有好幾次使漢王困窘。等項羽被漢王滅之後，劉邦便懸賞千金，捉拿季布，並且宣布如果有人敢藏匿季布的，就要處滅三族的罪。季布躲在濮陽姓周的人家裡，那姓周的人說：「漢王懸賞捉你，急得很，而且很快就要查到我家來了，你能依我，我就替你想法子；若不能，我情願自殺。」季布應許了。姓周的便把季布漆了頭髮，帶上頸箍，穿了短衣，放在柳條車裡，和家僕幾十人，一同載到了魯國，賣給了朱家。朱家知道那是季布就買了下來。

朱家後來到洛陽去見汝陰侯滕公，向滕公說：「季布既有才幹，他是項籍的臣子，為項籍盡力是他的職務，何況項籍的部下很多，漢王怎麼能殺得盡呢？高祖方才得天下，為了自己的私仇，去殺這麼一個人，豈不是讓天下人看成是沒有器量嗎？」滕公後來把朱家的話，向高祖說了，高祖這才饒赦了季布。

一五六、欒布為彭越喊冤

窮困不能辱身下志、非人也。（季布欒布列傳）

欒布是梁國人，當梁王彭越還是平民的時候，常和欒布在一起。欒布因家境不好，到齊國的酒店去做堂倌。過了幾年，彭越做了強盜，欒布卻被人拐騙賣到燕國做奴隸。欒布因為替主人報仇，而有了些名聲，燕國的將軍臧荼便叫欒布做都尉。後來臧荼造反，漢去攻打燕，欒布因此而被捕，梁王彭越聽到了，便向漢王贖回欒布，以他為梁大夫。

當欒布出使齊國期間，漢王召彭越，斥責他謀反，就殺了他的三族。又把他的頭，掛在雒陽城上，並下令道：「有人敢來收拾屍體的，就要逮捕他。」

後來，欒布回來便把出使齊國的情形，在彭越頭的下面奏知他，一面設祭，一面哭。官吏就把欒布捕捉起來。漢王以為他和彭越是同黨謀反的人，要把他烹死，欒布就向漢王說：「請讓我說一句話再死。」漢王應允了，欒布說：「當年你被困彭城，就是因為有了彭越，才使你戰勝了楚王，現僅為了你要向梁徵兵，剛好碰到彭越有病，不能發兵，你就說他謀反，為了一點小事而誅了他，這將會使你的臣下自覺危險。」

高祖聽了這話，便放了他。不治他的罪，反而拜他為都尉。

一五七、堵人之口

防民之口、甚於防水。（周本紀）

周厲王即位後，好利益、貪榮華、施政暴虐，使得百姓怨聲載道。召公看到這樣的情形，就勸諫厲王說：「人民已經不堪忍受了呀！」厲王聽到，大大的生氣，就找來衛國的巫師去監視毀謗厲王的人。如果有被報告的人，就抓來殺掉。這樣一來，抱怨厲王的人就少了。厲王如此的作為，四方諸侯看在眼中，頗不以為然，所以有三十四年之久，沒有諸侯到周天子處來朝見。

在這個時候，百姓雖不敢議論厲王，但行走在路上，往往彼此以目示意。厲王也不知這樣的情形，很得意的告訴召公：「我阻止了百姓的議論，百姓都不敢再有任何抱怨了。」

召公說：「這只是堵塞罷了，你要知道，防止百姓的嘴，比防止水患更難；水壩崩潰了，傷人很多，而民心崩潰了，也像水壩一樣。所以治水的人，多採用疏導的方法，治理天下的人，也要百姓宣洩他們的意見。」

一五八、周的共和時代

召公・周公二相行政。號曰共和。（周本紀）

厲王對召公的忠告，根本不聽從。過了三年，天下人終於起來反抗，勢力像決了堤的水，不可阻擋，厲王只得出奔到彘去。

厲王的太子靜，那時躲在召公家中，民眾將召公住的地方包圍了，要對太子靜不利，召公心想：「事君的人，即使在危險中，也不抱怨其君，即使心中不平，也不對其君發怒，何況我現在事奉的是天子呢？」

因此，他以自己的兒子代替太子靜，交給了憤怒的百姓。太子靜才得以脫逃。厲王逃走後，朝中就以召公、周公二位宰相共同行政，號曰共和。

共和十四年，厲王死於彘，此時太子靜已長大成人，於是召公、周公就立他為王，他就是周宣王，宣王即位後，二位宰相仍然輔政，一切文武教化恢復了，而四方諸侯才又重新行朝覲周天子之禮。

一五九、知己的重要

君子詘於不知己而信於知己者。（管晏列傳）

晏嬰雖做過齊靈公、莊公、景公三朝的宰相，但他仍然節省儉樸，做事平實謹慎，所以很受齊國人的敬佩。

他平時不同時吃兩種的肉，家裡的姬妾也不穿綢緞的衣服。在朝廷上，回答齊君的話也都慎重，君王不問他的時候，他就謹慎的做事。

齊國人越石父，品行端正，卻因被牽連而遭逮捕，晏子外出的時候，正好遇到他，就解了自己車子左邊的馬去為他贖身，然後和他一起坐車回家。回到家，他沒有向越石父告辭，就進了內室，過了好久才出來。越石父很不高興，要求和晏子絕交。晏子聽到他的要求，嚇了一跳，就說：「我雖不見得仁厚，卻也曾替你解除困厄，你為什麼這麼快就要告別了呢？」越石父說：「君子之人，在不知己處可以遭受委曲，而在知己的面前得意，以前我受困，是因為那些人不是我的知己，我不怪他們。現你既是我的知己，而且肯贖我出來，卻不以禮待我，我還不如被人抓去的好。」晏子一聽，立刻請他上坐，待他如上等的賓客。

一六〇、遊俠是介於賢人豪傑之間

竊鉤者誅、竊國者侯、侯之門仁義存、非虛言也。（遊俠列傳）

伯夷不齒於武王，而逃到首陽山去餓死，但文王武王並不因此而去掉王號；柳跖、莊蹻二人，雖然殘暴，然而他的手下卻稱讚他講義氣。所以照這樣看來，別人所說的「竊鉤者誅，竊國者侯」竟成為有道理的名言了。由此也可想到，世上有些迂腐的學者，拘泥於道義名份，遺世而孤立，反而不如見識低下的俗人，能隨世俗潮流而浮沈，而得榮名的好了。

不過在百姓之中，若能對取捨重然諾，使千里之外的人都稱頌他的義氣，即使是死，也不管世人的議論，這也算是一種長處，而且並不是一般人做得到的。在歷史上，常見士人到了窮困窘迫走投無路的時候，就來託命於他們，這樣的話，那麼這類的遊俠之徒，難道不正是如常人所說的，是介於賢人豪傑之間的人嗎？

如果拿沒有智識的遊俠和季次、原憲等儒者來比較其功勞，自然是儒者高，遊俠低，不可相提並論的。但是，如果論到功效的顯者，說話的信實，那麼，在世上是不能少了這些講義氣的遊俠之徒的。

一六一、冒遊俠之名非真遊俠

至如閭巷之俠、修行砥名、聲施於天下、莫不稱賢。（遊俠列傳）

像鄉里間的遊俠之徒，有良好的修養，漸漸的名聲傳布天下，沒有人不對他肅然起敬的。可是，儒家墨家對這樣的人卻不以為然，從不在書籍中記載這些人的事蹟。以致於在秦以前，從書籍記載裡找不到任何遊俠人物，這是很遺憾的。

自從漢代以來，有朱家、田仲、王公、劇孟、郭解等人，他們雖觸犯了當代的法律，但其義氣和廉潔不貪，謙退不居功的品德，都是很可稱讚的，他們的行事可證明，他們並非浪得其名而已。

至於那些結黨朋比，一味恃著強橫、仗著人多勢眾，弄些錢財，或奴役窮苦百姓、無法無天，專門欺侮勢力孤弱的土豪，這和遊俠是不可同日而語的。然而世俗往往失於考察，而把這樣的流氓、土豪和朱家、郭解歸為一類，而加以譏笑，真是令人痛恨！

一六二、朱家助人不望回報

諸所嘗施、唯恐見之。振人不贍、先從貧賤始。（遊俠列傳）

司馬遷列朱家為遊俠之徒。朱家是魯國人，和高祖同時代的人。魯國自古以來都以儒學教化為重，而朱家卻以他的俠義事蹟，被鄉里稱道。

被朱家搭救的豪傑文士數以百計，而經過他援助的一般人，自然更是難以計數了。即使如此，朱家卻從不自誇自己的才能，更不向人邀功。通常，「他在幫助別人以後，總是避著不再見到那個受他幫助過的人。他救濟別人的原則，是先從貧窮低賤的人開始。」

雖然朱家是如此的熱心助人，但他自己並不富裕，粗衣粗食，所乘的車，也只用小牛所拉，即自己的生活如此，他卻把別人的困難，看得更甚於自己的困難。

一六三、自己的孩子不一定好

公殺之固當。吾兒不直。（遊俠列傳）

郭解的父親是任俠好義之人，孝文帝時被殺。郭解長得短小精悍，不飲酒。長大後，生活節儉，以德報怨，對別人施捨之後，從不希望他回報。常常喜歡做些俠義的事，如果救了別人的性命，也不顯揚自己的功勞，只是暗自記在心裡。然而時間久了，終究讓鄰里知道了他喜歡助人、任俠好義的行徑。所以，許多年輕人都仰慕他這種行為。

但是，他姊姊的兒子，卻仗著郭解的名聲，行事不當。有一天，姊姊的兒子和人一同飲酒，強迫對方要將酒飲盡，那人沒有酒量，他姊姊的兒子就強行灌酒，激怒了對方，拔出佩帶的刀，將郭解姊姊的兒子刺殺後逃走。

郭解的姊姊非常憤怒，說：「以我們郭解的義名，居然有人敢殺我的兒子。」她就把孩子的屍首放在馬路上，想以此來屈辱郭解。郭解派人暗中去查詢，那個年輕的殺人者就來自首，把當時的情形告訴了郭解。郭解說：「你殺了他，根本沒有不對，是我們的孩兒自己不正。」

郭解就放了那個人，然後就把姊姊的兒子，收殮埋葬了。許多人聽到這件事，大都稱讚他的明白事理。

※　※

地上種了菜，就不易長草；心中有善，就不易生惡。稻穗結得越飽滿，越會往下垂，一個人越有成就，就要越有謙沖的胸襟。

一六四、人待我無禮乃我德之不修

至不見敬、見吾德不修也。（遊俠列傳）

平常，當郭解出入的時候，人們總是避開讓路，以示對他的尊敬。可是，有一天，一個人卻偏偏很傲慢的擋著郭解的去路，而且還瞪視著郭解，郭解派人去詢問他的姓名，他派去的手下想把那人殺了。

郭解就對手下說：「我們的行為舉止不被人尊重，是我們自己的德行欠修養，別人有什麼罪呢？」說完，郭解就暗中對尉史說：「這個人是我緊急要找的人，到了縣中要徵調役卒時，請不必再徵他。」

到了固定徵調役卒的時間，尉史經過了那人的住家好幾次，卻始終沒有把那對郭解無禮的人調走。

他覺得奇怪，就跑到官署中去探問，才知道是郭解為他開脫了。那無禮的人感到慚愧，就去郭解家裡，袒胸請罪，附近的少年聽說如此一件事，更是仰慕郭解的行為了。

一六五、事成而不居功

奈何乃從他縣奪人邑中賢大夫權乎。（遊俠列傳）

在雒陽，有兩個彼此仇視的人，這兩人平時水火不容，在他們鄉里中的賢達豪士，曾經有十幾次想為他們居間調停，但他們雙方始終不願意和解。

其中一方去找郭解，希望郭解能幫他們居中調停。郭解就趁著晚上去找他的仇家勸說，等仇家終於願意進行和解了，郭解對仇家說：「我聽說過雒陽有名望的先生們曾來為你們勸解，而你一直不願意，現在我很榮幸的能說動了你，願意和解，但是，這似乎有奪去別的地方上有名望者之權的嫌疑，所以，我趁著晚上來，為的是不讓人知道，我離開此後，我會再去請過雒陽的賢士豪傑來居間調停，你就答應了他們吧。」仇家聽從了郭解的意思。

郭解為人排難解紛，可以解決的，自然沒有問題，有些實在不能做到的，也會做得令對方滿意，然後才敢品嘗別人答謝的酒食，也因此，使許多有高位的人，爭著要用他。

一六六、善始善終的智謀

兒婦人口不可用。（陳丞相世家）

高祖崩逝以後，呂后掌朝廷大權，一切事必須取決於她，當此時，以前和高祖一起打天下的許多有功大臣，都難倖免於呂后的誅伐。

呂后之妹呂嬃，有一天向呂后進讒言道：「陳平做我們漢的丞相，居然日日飲醇酒、戲婦女，而不治理國事。」陳平聽說了這樣的讒言，不僅不為自己辯白，反而變本加厲。這種情形被呂后知道了，心中暗自高興，竟然當著陳平的面質問呂嬃說：「俚語說，小孩和婦人口中所說的話，是不能採信的。你和我將他如何呢？」這表示，呂后根本不在意呂嬃所說的讒言，他以為陳平本就是一個不理政事的昏庸丞相，或許，就因為如此，而使陳平得以自保。

高祖死後，呂后立諸呂為王，陳平也都不表示意見，到呂后死了，陳平就和周勃合謀，誅殺諸呂，立孝文皇帝。

一六七、蘇秦無功而返

子釋本而事口舌。困不亦宜乎。（蘇秦列傳）

蘇秦是東周雒陽人，後來事於齊國，而向鬼谷先生學書。鬼谷先生是個講縱橫之術的策士。

當蘇秦學成之後，就到天下各國去遊歷，在好幾年之間，去遊說列國國君，希望能有國君採用他合縱之策。卻沒有一國的國君肯採用他策略而重用他，因此，他在走投無路的窘困情況之下，只好又回到自己的家中。

當他無功而返，他兄弟嫂妹妻妾，所有的人都嘲笑他，並對他說：「我們周的俗語說，從事農作生產或作工經商，都可以求到十分之二的利潤，而現在，你卻拋棄了本業，去以口舌說服人的事，豈不是本來就該困窮的嗎？」

蘇秦聽到家人如此數落他，也感到慚愧，於是難過的躲在房間裡不再出去。人用心在其事業上，努力完成。在快大功告成時，心裡始能脫離痛苦，感受愉快。

一六八、蘇秦練成揣摩之術

夫士業已屈首受書、而不能以取尊榮、雖多亦奚以為。（蘇秦列傳）

因為受到家人嘲笑，使蘇秦自閉於書室，不再出門。他把以前所有讀過的又完全拿出來，再全部看過，然後對自己說：「讀書之士人，既然已決心要讀書了，可是又不能因為讀了書，而取得人家的尊敬和榮顯，那麼即使讀得再多，又有什麼用處呢？」

就在他整理所讀過的書時，突然看到一本太公望的兵法書，是他以前忽略的，於是蘇秦就拿了這書，埋首苦讀起來。有時讀得想睡了，就用錐刺自己大腿，自己驚醒，血流到了腳踵，他也不去理會，一心用起功來。

當蘇秦把太公望的兵法讀完，將兵法的內容簡練成一套揣摩之術，準備專門用來遊說列國的國君，於是蘇秦才又出外去周遊列國。

一六九、寧為雞口

寧爲雞口、不爲牛後。（蘇秦列傳）

戰國七雄中，以秦的勢力為最大，其他六國：燕、趙、魏、韓、齊、楚等為了要對抗西邊的強秦，常有不同的意見。當此時，蘇秦精通了太公兵法，並從中簡練了一套揣摩人君心理的戰術，到各列國中去遊說。

蘇秦先到了燕國，燕國國君願接受他的意見，並以車馬金帛資助蘇秦到趙、齊、韓去。因此，先後有四國的國君接納了蘇秦的合縱之議。他遊說各國的國君，必對其國君說：「君聞鄙諺曰：寧為雞口，不為牛後，今向西去討好秦而事奉秦，豈不就是牛後了嗎？以大王如此的賢明，挾強大的兵力，而有牛後之名，我都替大王感到羞恥呢！」

蘇秦所說的「寧為雞口，不為牛後」的心理，正是他揣摩術的運用，許多國君聽到這樣的比喻時，都會勃然變色的說：「寡人雖然不肖，必不能事秦。」這樣一來，蘇秦就達到他合縱的目的。

一七〇、三寸之舌

嘻、子、毋讀書遊說、安得此辱乎。（張儀列傳）

張儀是魏國人，和蘇秦一同問學於鬼谷先生。張儀卒業後，也開始到處去遊說諸侯。

有一天，他和楚國的宰相一起喝酒，喝完了酒，楚國的宰相發現自己遺失了一塊玉，楚相的手下疑心是張儀偷的，就對宰相說：「你看張儀的家裡很窮，品行不好，楚相的璧玉必是他偷的。」於是手下就捉住了張儀，把他打了幾百下，但張儀始終不肯承認偷了玉，手下的人只好把他放了。

張儀回到家，他的妻子也冷言嘲笑他道：「你若不去讀書做什麼遊說的事，怎會受到這種侮辱呢？」張儀知道妻子是在抱怨他不該做遊說之士，而不事生產，以致貧窮受辱。但是，他還是對妻子說：「你看！我的舌頭還在嗎？」說著就把嘴張開給他的妻子看。他的妻子不明究理，回答說：「還在啊！」張儀於是說：「那就夠了。」這表示他仍然要以其三寸之舌去遊說天下諸侯的意思。

一七一、縱橫家捭闔天下

蘇君之時、儀何敢言。且蘇君在、儀寧渠能乎。（張儀列傳）

蘇秦已說服了趙，訂下六國合縱之約，但他擔心秦若出來攻打諸侯，將會破壞了他的合縱計策。因此，希望有人能去說服秦，並操縱秦的大權。於是差人向張儀說：「你和蘇秦向來要好，他現已位高權重，你何不去求他，讓他來幫你達成你的志願呢？」張儀就赴趙去求見蘇秦。蘇秦百般拖延，直到過了很久才接見他，且讓僕人給張儀吃僕妾的食物，一見張儀就責備他說：「我當然可以替你說合，使你富貴，只是你不配讓我為你這樣做呀！」張儀本以為可從蘇秦這裡得好處的，沒想到反而受辱，憤怒之餘，就轉向秦國去了。

蘇秦後來對舍人說明激怒張儀的原因，並又派人送金幣車馬給張儀，使他得以去見秦王。秦國的惠王終於任用張儀做客卿，後來張儀知道蘇秦待他的原委，說：「蘇秦在的時候，我還敢說什麼呢？況且和蘇秦相比，我又有什麼才能呢？」

一七二、強國不厭詐

一國之政猶一身之治、不知所以治。（秦本紀）

戎夷之王聽說秦繆公是很賢德的國君，特地差由余去看秦國的政治。由余到了秦國，秦繆公就帶他參觀積聚財物的倉庫和宮室。由余說：「這樣的建築，倘若由鬼神來做，尚且不免要弄得非常疲憊，如果由百姓去做，就更加要讓人民煩苦了。」繆公聽他這樣說，就問他：「中國用詩書禮樂法度來治百姓，仍時常有叛亂，而你們戎夷並沒有禮樂，如何來治百姓呢？」由余回答說：

「這正是中國治國會亂的原因。因為在上位的皇帝設下禮樂，不過是小治，到了後代，上位的皇帝日益驕淫，用法度的威嚴來督責百姓，百姓也用仁義來怨恨皇帝，上下交爭怨。於是篡位弒君的亂，自然是不免的。戎夷在上位的首領只以淳厚的恩德，來對待百姓，而百姓也抱著忠信來服事上位。一國的政治，就像一個人的身體，治好了病，卻不知是怎麼治的，這才是聖人的治國之道。」

秦繆公以為自己乃強國之君，沒有想到，由戎夷來的由余卻講出了一番高明的聖人治國之道。

一七三、夜郎自大

漢孰與我大。（西南夷列傳）

武帝元狩元年，博望侯張騫從西域出使回來，向武帝報告說：「在大夏看見四川布邛的竹杖，問他們大夏的人，是如何得到的，他們說是從東南的身毒國而來，這中間大約有兩千里的距離。如果能從四川通身毒國，則距離將會縮短很多。」於是武帝就派了大臣去打通出西南夷的通路，再向西通向身毒國。

當漢的使者到達今天的雲南附近，那裡的滇國的國君名字叫嘗羌的，把武帝所派來尋求道路的車隊留置在昆明，有一年多的時間，使他們無法找到通身毒國的通路。滇王對漢的使者說：「你們漢國和我們滇國相比，那一個較大些？」當走到了附近的夜郎國，夜郎國的國君也這樣問著。

因為道路不通，所以處於四夷的國家，自以為雄霸一方，根本不知道漢疆域的廣大。

一七四、後來居上

陛下用群臣如積薪耳，後來者居上。（汲鄭列傳）

汲黯的祖先世世代代為卿大夫，直到汲黯這一代仍是。有一次河內失火，延燒了一百多家，武帝差汲黯去察看。汲黯回來時向武帝報告，那只不過是家人失火，不足憂。倒是當我經過河南，見河南正遭水、旱災，有一萬多家受害，甚至有父子相食的情形。我權宜從事，持節發河南之倉去賑濟災民，現在我願接受矯詔之罪。武帝聽完汲黯的報告，不僅不責備他，反而升他做滎陽令，後又遷他為東海太守。汲黯是學黃老之術，身體多病，治官理民好清靜，過了一年，東海大治，武帝知道了，將他列為九卿。

汲黯個性倨強，不講禮數，喜當面折辱人家，不能容忍別人的過失。對合意的人就善待他，對不合意的人就從不能忍受，喜歡學遊俠之氣。當汲黯位列九卿時，公孫弘和張湯還不過是個小吏，等他們二人的職位和汲黯相等了，汲黯就向武帝毀謗他們。過了不久，公孫弘做了宰相，並封了侯，張湯也做到御史大夫，他們兩人都比汲黯更得武帝的尊寵了。汲黯心中不悅，見到武帝，就說：「陛下任用群臣就像一般人堆積柴薪一樣，總是把後來的薪柴放在上面。」武帝聽他這樣的揶揄，默然不說話了好一會兒。

一七五、兄弟二人不相容

一尺布尚可縫。一斗粟尚可舂。（淮南衡山列傳）

高祖八年，劉邦經過趙國，趙王向他進獻一個美人，這位美人後有了身孕，生下了淮南厲王。因為呂后的妒嫉，所以這名美女在生厲王後，即自殺而死了。高祖十一年，立厲王為淮南王，因為厲王從小失母，所以常依附在呂后及同父異母的兄長及孝惠帝身邊。

那時，因為即位的文帝感念厲王失母，故常縱容厲王，使太子孝惠帝及諸大臣都對驕縱的厲王畏懼。厲王因此只好回到淮南。厲王回到淮南後更加驕傲、放恣，出入時所帶的警衛，儼然如天子，且其他行事也都處處有僭上的意思。

厲王之兄孝惠帝即位後，厲王更不奉法度，不接受天子詔命，暗中聚眾，準備謀反。但孝惠帝不忍致他於死，只是廢了他的王號，然後把他放在押解犯人的車子中，準備把他傳送到京城來。厲王在車中對侍者說：「我怎能算是有勇氣的人呢？我只是驕縱，因為驕傲，使我不知道自己的過失，而落到此地步。」後來，他就絕食而死。

在孝文帝十二年時，民間流傳著一首歌，歌辭唱著：「一尺布尚可縫，一斗粟尚可舂，兄弟二人不能相容。」這首歌就是指淮南厲王兄弟二人。

※　　※

寬宏的氣度，鎮靜的神態，是吸引朋友愛護自己、親近自己的法寶。若非必要或任性的無禮以致樹敵，是愚蠢的，在自己的家也是一樣。

一七六、猛藥苦口利病

毒藥苦於口、利於病。忠言逆於耳、利於行。（淮南衡山列傳）

孔子家語中曾說：「良藥苦於口而利於病。」然史記淮南衡山列傳中載：在淮南厲王之後有個叫不害的。不害為長子，但因為他的母親失寵，所以，就以其他的兒子為太子。不害有一個兒子名建。很有才氣，他時常怨恨太子不把作為兄長的父親放在眼裡，又抱怨其他諸侯皆能讓子弟封為侯。

淮南王有兩個兒子，一個立為太子，而自己的父親雖是長子卻無法建侯。於是他暗中與人商議，準備告發太子，而以自己的父親代為太子。於是叫和他交情好的莊芷上書天子，寫道：「毒藥苦於口，利於病；忠言逆於耳，利於行。」

因為建知道太子謀反的事，他向天子報告，所以被視為一劑毒藥，而這猛毒的藥對天子卻不啻是忠言。實際上毒藥或良藥，在意義上是沒有什麼不同的。是表面上叫人難以忍受，而事實上對自己是有利的，這裡所謂的毒藥，不是說有毒的藥，而是指猛烈的藥而言。

一七七、受帝王寵幸的男子

力田不如逢年、善仕不如遇合。（佞幸列傳）

漢時的諺語說：「力田不如逢年，善仕不如遇合。」這意思是說，一切都要靠機緣，也許一年努力的成果，還抵不上一時的機緣。所以，不僅有女子以美色獲得寵幸的機緣，而仕宦的男子，以其色得官位的情形也很多。

例如，漢高祖雖是個性暴猛抗直的人，但幼弱的男子籍，卻得到他的寵愛。孝惠帝時也寵幸一個叫閎的年輕男孩。這兩個人並不是有什麼才能，只是因性情溫婉而得寵的。他們常與天子一同起臥，使許多公卿也都因此而找他們向天子關說。

孝文帝時寵愛的男子有鄧通、趙同、北宮伯子。北宮伯子和趙同各有所長，所以能為文帝所愛。而鄧通是個無技能的人，只因文帝曾夢見一個黃頭郎推他上天，醒來後，他根據黃頭郎所穿的衣服，暗中去尋找，以致找到鄧通。

一天文帝問鄧通：「天下的人誰最愛他。」鄧通回答說：「當然是太子。」文帝就召太子進來，叫太子吮自己所生的瘡，太子面有難色，遲疑不前，而鄧通在此之前是常為文帝吮瘡的。

一七八、以衣冠相人則失之貧

相馬失之瘦、相士失之貧。（滑稽列傳）

東郭勸告衛青大將軍以皇上所賜的千金之半，去送給當時正被皇上寵幸的王夫人的親戚。這事經過王夫人告訴武帝後，武帝問衛青，是誰出的主意，衛青回答，為待詔者東郭先生。

東郭先生在家待詔已經很久了，因此，生活貧困、飢寒交迫，連鞋子都破舊不堪。他走在雪地裡，因為鞋子上面是好的，卻沒有鞋底了，因此，雖穿著鞋，卻在雪地上留著他的足印，這使得街上的人都笑話他。後來武帝命他為郡都尉，才開始榮華起來。像這樣，當他貧賤時，就是人家所謂的衣褐懷寶了。

可是一般人那裡識得出別人懷中的寶呢？當某人貧窮時，沒有人來看他一下，當他顯貴了，才爭著來附從。諺語說：「相馬失之瘦，相士失之貧。」就是說的像東郭先生這一類的吧！

一七九、漢楚的得失之間

夫運籌策帷帳之中、決勝於千里之外、吾不如子房。（高祖本紀）

高祖在雒陽宮中置了酒席，席間高祖對群臣說：「你們不要隱瞞對我的批評，大家來說說我何以得天下，而項羽又何以會失天下呢？」

臣子高起、王陵二人都說：「陛下雖傲慢而輕視人，卻能在別人攻城略地後，把功勞給了他。而項羽雖仁愛下人，卻是與天下人同爭利的。並且，項羽妒嫉賢能的人，加害有功勞的人，對有才幹的臣子不信任，戰勝了與人同享功勞，得地也不和人共分地利，就是因為這樣，所以失去了天下。」

高祖說：「你只知其一，不知其二。假如說起運籌策帷帳之中，決勝在千里之外的這種軍事策略本領，我是不如張良的。說起鎮守國家、安撫百姓、供給糧食，使軍隊不缺糧餉的本領，我是不如蕭何。如果說是統御百萬大軍，每必勝，每攻必取的本領，我又不如韓信。這三個人都是傑出的人才，而我能用他們，這是我得天下的原因。項羽雖也擁有范增這樣的人才，但項羽不能任用他，所以才會被我所擒啊！」

一八〇、羽翼已成

我欲易之、彼四人輔之、羽翼已成難動矣。（留侯世家）

高祖非常寵幸戚夫人，因此想把從前已立的太子廢去，另立戚夫人的兒子趙王如意做太子。呂后知道後，非常害怕自己的兒子被廢，不知怎麼是好，於是就去找留侯張良商議。張良說：「這件事不用口舌來爭。在天下，皇帝最敬重而又無法招致的有四個人，你如果設法請他們來，便可得到幫手了。」於是呂后就派人禮節很週到去請這四個人來，這四人居然被請來了。

高祖攻破黥布回來，準備了酒席，太子在旁服侍，這四人都跟太子一起去了，高祖見到四個八十多歲的老人，就問：「這四個人是做什麼的。」他們四人各自說出自己的姓名，高祖一聽，非常訝異，說：「我尋求你們好多年了，現在你們怎跟著我的兒子呢？」那四人說：「聽說太子為人仁孝愛士，天下的人沒有一個不願意為他效力的，所以我們來了。」

當下高祖就把戚夫人喚進來，說：「我要換太子，可是那四人輔佐他，羽翼已成，很難再去變動他了。」戚夫人聽了，失望得哭了起來。

一八一、高枕無憂

高枕而王千里。（呂后本紀）

呂后為人剛毅，曾佐高祖定天下，漢初殺伐了許多有功的大臣，大多出自於呂后之意。呂后有二個兄長，都是大將。這兩個兄長的兒子也都封侯裂土。

在呂后生病將死之前，她又命令趙王呂祿做上將軍兼北軍；呂王產帶領南軍。並且告誡他們二人說：「高祖初定天下的時候，曾和大臣有約：非劉氏而封為王，天下的人可以共擊之，現在我們呂氏諸王和大臣都尚未安穩，我就死了，皇帝年紀又小，我怕會有變化。」

呂后死後，陳平派人去說服呂祿，向他說：「現在太后已死，皇帝的年紀小，你佩的是趙王印，而又為上將，帶兵駐在京都，難免會使人懷疑，不如回到你的封國趙去，這樣一來，皇帝左右的大臣安心，而你也可以高枕無憂地統治你千里的封地了。」

一八二、陳平周勃平定諸呂

爲呂氏右袒。爲劉氏左袒。（呂后本紀）

呂后一死，陳平與周勃等人起來誅殺諸呂。先說服呂祿歸還了上將軍的印信。把兵權授給了太尉，太尉把呂祿的軍隊帶入軍門，然後下令到軍中說：「願意支持呂氏的，把右邊的肩膀露出來，願意效忠劉氏的，把左邊肩膀露出來。」結果軍中的兵卒全都露出左肩，願意效忠劉氏。太尉於是就掌握了本是呂祿的北軍。

到了這個時候，諸呂的勢力只剩下平陽侯呂產的南軍。陳平於是派朱虛侯去輔佐太尉。呂產不知道呂祿已失去了北軍，自己已經沒有了援助，還想到未央宮裡作亂，殿門打不開，不得其門而入。

朱虛侯已向太尉請求調兵千餘人，來到未央宮前，呂產正在吃午餐時，就追擊過去，呂產逃走到半途，突然天風大作，呂產所帶的兵大亂起來，沒有人敢再鬥下去，最後，呂產逃到郎中府吏的廁所中被殺。到了這時，呂氏一族才全被平定了。

一八三、趙高立胡亥

斷而敢行、鬼神避之。（李斯列傳）

秦始皇三十七年十月，出遊於會稽，丞相李斯，中車府令趙高等隨始皇一起出巡，兵符、玉璽也都隨行。當時，長子扶蘇被派至上郡，而少子胡亥請求隨從，始皇答應了。而始皇還有其他的二十多個兒子，沒有一個被允許跟去的。到了第二年的七月，正走到沙丘的始皇，病得很嚴重，就叫趙高傳信給公子扶蘇快回到咸陽，準備料理始皇的喪事。信已封好，還沒有送出去，始皇就死了。始皇死的事，只有胡亥、李斯、趙高和接近的宦官共五、六個人知道而已。

趙高對胡亥說：「現在天下的大權只在你和我以及丞相李斯而已，希望你能考慮自己的前途，而且制人和制於人又那裡是可同日而語的事呢？」胡亥回答：「廢兄而立弟是不義，不能按父詔而怕死是不孝，自己的能力不夠，而強佔別人的功勞是無能。這三件事都是違逆天下的民意的。」趙高說：「以前湯伐桀，武王伐紂，孔子都讚揚，做大事的人不拘小節，如果狐疑，以後一定會後悔，如果能果斷的行之，連鬼神都會逃避的，以後這件事一定能成功，希望你能答應。」

胡亥看趙高既然如此說，也就應允了。

後來，扶蘇自殺，胡亥繼位為二世，四年後楚漢起兵，於是秦將瀕於滅亡。

一八四、韓信擺出背水陣

敗軍之將不可以言勇、亡國之大夫、不可以圖存。（淮陰侯列傳）

趙王成安君聽說韓信帶兵來襲，於是聚兵二十萬，他下面的廣武君向他進獻計謀說：「韓信的兵，遠離自己的國家前來作戰，前鋒必定是強大不可當的，不過因為他們所帶的糧食有限，其他士卒一定吃不飽，且他們的糧車一定尾隨在後，我們如果去斷其後，使他們在野外沒有糧食，一定能在十日內得韓信、張耳的首級。」成安君是個儒者，常說義兵不能使用詐謀取勝，所以並不接納廣武君的計策。

韓信擺出背水陣，以誘趙王軍隊來追逐，趙王果然中計，然後韓信再以二千精兵，從後襲趙王的營地，先拔去趙旗，換上漢軍的旗幟，待趙王部隊返回，一見漢旗，以為漢軍已將趙軍殲滅，大軍霎時大亂逃遁，此時，埋伏的漢軍突然殺出，一舉而破趙軍，在泜水岸邊殺了趙王成安君，縛了廣武君。

廣武君被俘到韓信的營帳，韓信親手為他鬆綁，並向廣武君請教伐燕攻齊的戰略，廣武君說：「敗軍之將不可言勇，亡國的大夫不可圖存，我怎能指教你呢？」韓信說：「你的失敗在於成安君未能聽信你的意見，又何必自責？」

一八五、一石二鳥

鳴鏑所射而不悉射者、斬之。（匈奴列傳）

匈奴的單于名叫頭曼，當已立太子冒頓，後來他的愛妾又生個兒子，頭曼就想廢了冒頓，另立小兒子。於是他差冒頓到月氏去做人質，然後又去攻打月氏，以為這樣一來，月氏就會把冒頓給殺了。可是沒有想到冒頓卻偷了馬，騎著逃回來了。頭曼因見他勇敢，就派他做了統帥。

冒頓造了一種射時會發出聲音的響箭，然後對部下命令道：「我響箭所射去的地方，你們之中如果有不跟著發射的人，就要處斬！」當他射天上飛鳥時，有不跟著發箭的，真的被處以斬刑。過了一會兒，他又用響箭射自己的愛馬，左右不敢射的，也立刻斬殺了。又有一回，冒頓又用響箭射自己的寵妾，左右畏縮不立刻射殺的，冒頓立刻將他殺了。於是冒頓知道下面的人都是可以用的了。

有一天，冒頓跟著父親頭曼出去打獵，他走在父親的後面，朝著頭曼發響，左右的人一聽到響聲，也跟著朝頭曼發箭，頭曼竟被射死。冒頓把後母和少弟，和不服從的臣下都殺了，而自立為單于。

一八六、土地乃國之命脈

地者國之本也。奈何予之。（匈奴列傳）

在匈奴東邊的東胡當時勢力強大，聽說冒頓殺父自立為單于，便派使者來向冒頓要求要頭曼所騎的千里馬，群臣都以為那是匈奴的寶馬，不可以給他。冒頓說：

「既然和人為鄰，怎麼能愛惜一匹馬呢？」就把千里馬送給了東胡。這樣一來東胡以為冒頓怕他，又派使者來向單于要求把一個閼氏給他。左右的臣子一聽都大怒，向冒頓說：「這太過份了，快發兵去打他吧！」可是冒頓卻說：「既然是鄰國，為什麼要愛惜一個女子呢？」於是把一個最寵愛的閼氏送給了東胡。

匈奴和東胡交界的地方，有廣達一千多里的空地，沒人居住。

東胡又派使者來向冒頓要求要那片土地。群臣對冒頓說：「那片空地，給他也可以，不給他也可以。」可是冒頓卻大大的發怒，說：「地者，國之本也，怎能隨便的給人家呢？」便把剛才說要給東胡土地的人殺了。然後跳上馬，對全族的人下令道，落後不跟我去的，就要斬。到東邊去進攻東胡。因為東胡一向輕視匈奴，而疏於防備，因此就被匈奴給消滅，俘虜了他的百姓和牲畜。

一八七、匈奴的全盛時代

至冒頓而匈奴最彊大、盡服從北夷、而南與中國爲敵國。（匈奴列傳）

冒頓滅了東胡，又向西去攻擊月氏。向南併吞樓煩，收復了在秦朝時被蒙恬所侵奪的土地。

那時的中國，因正是項羽與劉邦相爭天下的混亂局面，長期的用兵爭戰，自是疲於戰爭，那裡還能顧及四方邊境。因此，冒頓才得以從容練兵，擁有三十萬訓練精良的匈奴兵，東征西討，南伐北攻，完全降服了北方的夷人，而南方和中國相對峙。

匈奴一族，自淳維以來，至於頭曼，有一千多年的歷史，其勢力有時強大，有時弱小；其部落有時分散，有時聚攏，到了冒頓單于的時代，才成為了匈奴最強大的時代。

一八八、高祖伐匈奴鎩羽而歸

兩主不相困。（匈奴列傳）

漢初定中國，派韓王信駐軍代都馬邑，以守備與匈奴為界的邊境，匈奴屢次攻馬邑，韓王信投降了匈奴。匈奴得了韓王信，於是和他一起進兵攻太原。高祖親自率兵迎戰，當時天上下著大雪，天寒地凍，高祖的士卒，不習慣嚴寒的氣候，手指被凍掉的有十分之二、三。冒頓佯裝敗走，誘漢兵追逐，等漢兵到了白登，冒頓才以四十萬軍去包圍。這樣過了七天，漢兵得不到一點糧餉的接濟。

高祖只好派遣使者突圍去到匈奴的閼氏那裡，贈送厚禮給匈奴閼氏。閼氏於是對冒頓說：「兩主不相困，今我們得了漢地，也不能久居。」

冒頓才解開包圍大軍的一角，而高祖就帶領了士卒，從這一角殺了出去。冒頓也就引兵回去了。

一八九、匈奴寫信激怒呂后

匈奴以驕。冒頓乃為書遺高后、妄言。（匈奴列傳）

自從韓王信投降匈奴後，又有趙利、王黃的投降，不久陳豨又反，與韓王信合謀，去攻擊漢使樊噲。

一時之間，漢眾投降匈奴的很多，因此，冒頓常來侵犯漢邊境。漢高祖就派劉敬帶了漢的公主去向單于和親，除此之外，每年還要進貢棉絮、綢布、米、酒，並約為兄弟。冒頓才停止了對漢的侵略。

高祖死後，孝惠帝即位，大權由呂太后操縱，因為漢朝初定，所以匈奴以自己強大的國力為驕傲，冒頓就寫了一封信給呂后，在信中妄言，有冒瀆呂后的意思，呂后氣憤之餘，準備發兵去打匈奴，諸將官都對呂后說：

「當初以高祖的賢能才幹，尚且被困在平城的白登，何況是今天毫無準備呢？」

呂后只好將發兵之事作罷，繼續和匈奴和親。

一九〇、無恙否

天所立匈奴大單于敬問、皇帝無恙。（匈奴列傳）

孝文帝即位，仍重修和匈奴和親之事。到三年五月，匈奴右賢王入侵，文帝詔命丞相灌嬰去擊匈奴右賢王，右賢王逃出塞去。

第二年，單于派人送信給漢文帝，信一開始寫道：「天所立匈奴大單于敬問，皇帝無恙。」這是對漢皇帝表示友善的意思。

而且在信中，一再譴責不該因八賢王等之小吏的行事，而破壞了和親的約定，現在願意休養士卒，保養馬匹。恢復與漢的舊約，以安定邊境的百姓，使世世代代能安享太平，不知漢皇帝的意思，所以才奉上這一封信。

當文帝看到此信，立刻召集大臣商議，要出擊或是和親，何者為有利。眾臣都以為，匈奴之地是澤鹵之土，不適於漢人居住，攻也無益，還是和親較為妥當，文帝也就應允繼續和親之約。

一九一、匈奴強大的原因

以天之福、吏卒良、馬彊力、以夷滅月氏、盡斬殺降下之、定樓蘭・烏孫・呼揭及其旁二十六國、皆以爲匈奴。（匈奴列傳）

匈奴王冒頓給文帝的信中，曾說：「匈奴因天之福，吏卒良、馬彊力等原因，才能平定四方夷人。」

匈奴崛起於沙塞之間，一直成為我邊境的禍患，即使以高祖之賢武，尚且被圍於平城的白登，若不是求閼氏之說言，仍不能突圍而去。而後如樊噲、衛青、霍去病等大將，席中國廣大之氣，也不能建立顯著的功勞是為了什麼呢？

從匈奴單于的信，可以明白匈奴強大的原因為：「天之福、吏卒良、馬彊力三項。」其中又以馬強為最重要。馬強為作戰時的工具和憑恃是最佳的武器。匈奴就是靠著這些夷滅月氏，平定樓蘭，以及他們旁邊的二十六個國家。

一九二、匈奴之民俗與漢異

匈奴父子乃同穹廬而臥、父死妻其後母、兄弟死、盡取其妻妻之。

（匈奴列傳）

漢宦者中行降匈奴，匈奴單于非常親信他。後來，漢遣使者送信給匈奴單于，使者對中行說：「匈奴的習俗，對老人輕視，是為什麼呢？」中行答說：「漢人當軍隊要出發時，他們的親老不是也脫下衣服，把美好的食物送給要出征的年輕子弟嗎？匈奴看重作戰之事，那些不能作戰的老弱，當然把肥美的飲食給壯健者享用，希望得到他們的保衛，這樣，父子互相保護，怎能說是輕視老人呢？」

漢使者又說：「匈奴父子同一穹廬而臥，父親死了，以他的後母為妻，兄弟死了，也接收兄弟的妻子，是沒有禮制的。」中行說：「匈奴的習俗是吃獸肉，飲其乳，穿其皮，牲畜的草和水要隨時轉移，緊急的時候，就騎射；沒事的時候，就不受約束。君臣之間的禮節簡易。父子兄弟死，以其妻為妻，是怕種族中絕，所以匈奴雖亂，卻是種族綿延的，而中國則是父兄之妻，親屬日益疏遠，至互相殺害。」從中行氏這樣說了以後，漢使就不再多言了。

一九三、有能力的使者

匈奴破月氏王、以其頭為飲器。（大宛列傳）

漢武帝從俘獲的匈奴口中得知，匈奴擊敗了月氏王，並用月氏王的頭作飲器，月氏一族逃走了，因為怨恨匈奴，要尋找一同報復匈奴的人。因此，武帝想要和月氏一起共同去攻擊匈奴。

但是，要和月氏聯絡，必須經過匈奴境內，這趟使者的任務可說是非常艱難危險的。於是武帝就下令徵募一個有能力的使者，而張騫本是朝廷的郎官，經過一番選拔之後，被選中為代表漢朝，被派到月氏去談判一起攻打匈奴的使者。

在西元前一三九年，張騫和堂邑縣的甘父，帶著隨行的一百多人，一同從隴西出發，要往月氏去。

一九四、張騫被匈奴羈留

月氏在吾北。漢何以得往使。吾欲使越、漢肯聽我乎。（大宛列傳）

張騫已知經過匈奴時是要小心的，果然一進入匈奴邊境，就被匈奴拘捕送去見單于，單于把他拘留了，說：「月氏在我匈奴的北面，你們漢怎能過去呢？假使我要到越去，難道你們漢也會聽任我過去嗎？」

於是，匈奴單于把張騫羈留了十幾年，給他一個妻子，而且也生了兒子。十幾年間，張騫仍不忘漢的使命。終於等到匈奴對張騫和甘父的監視稍鬆了，張騫和匈奴的妻子、甘父才趁隙逃走，向西邊的月氏逃去。

走了幾十天，走到了大宛。大宛國國君聽說漢的富庶多財貨，正想和漢相通，卻求之不得，見到張騫自是高興，就問張騫，要去那裡，張騫說：「要到月氏去，但為匈奴所拘留，現在已迷失了路，如果大宛國能派人引導，待回到漢後，漢王必餽贈大批財物。」大宛國君於是就答應了，派人引導了張騫的車馬出發了。

一九五、出使西域歸來

多善馬、馬汗血。其先天馬子也。（大宛列傳）

當張騫一行人經過康居到達大月氏時，大月氏王已被胡人所殺，又立其太子為王，當時已臣服大夏國而定居下來，那裡土地肥美，少戰亂，所以百姓生活安定，加之離漢太遠，所以根本沒有報匈奴之仇的心，張騫又從月氏到大夏，也無法說動月氏，停留了一年多，就從南山，取道羌中回來。當再經過匈奴，又被匈奴留置一年多，直到匈奴單于死，王與太子爭立單于而內亂，張騫才和胡妻、堂邑父一同逃回漢來。

張騫初去時有一百多人跟從，經過了十三年，只有二人能回來，他所經過的地方有：大宛、大月氏、大夏、康居，而且聽說旁邊還有五、六個大國，他把在旅途上的見聞，很詳盡的報告給武帝知道。大宛的馬被形容為：

「多善馬，馬汗血。其先天馬子也。」

一九六、天馬來也

宛有善馬、在貳師城。匿不肯與漢使。（大宛列傳）

張騫回到漢，向武帝報告：「大宛在匈奴西南，離開漢有萬里之遙，有許多好馬，其中有一種馬，流的汗像血，據說那馬的祖先是天馬之子。」武帝聽了，就派使者前去求馬。

使者回來報告說：「大宛國的好馬都藏在貳師城，不肯給漢使帶回。」因為天子愛好這種好馬，所以就命人拿了千金及金馬去請求交換宛王在貳師城的好馬，但大宛以為離開漢很遠，不怕漢遠涉來攻，所以仍是不肯將貳師寶馬給漢。

於是，武帝拜愛妃的哥哥李廣利為貳師將軍，率領數萬兵去大宛國貳師城取寶馬。然而因路途遠，又缺乏糧食，只得引兵而還。過了二年，因宛王的城中無井，必須汲取城外的流水，李廣利下令斷絕了他們的水源，大宛國才和漢軍約定，拿出他們的寶馬，叫漢自己選擇，漢軍拿了數十匹的寶馬，中馬以下牡馬和牝馬共三千多匹，然後才引兵回到漢來。

一九七、九牛一毛

假令僕伏法受誅、若九牛亡一毛、與螻蟻何以異。

（『文選』報任少卿書）

因為極力替李陵辯護，而使司馬遷觸怒了武帝，因此而被處以死刑。但以司馬遷所作的事而言，他並沒有錯誤，漢律的規定，可用金來贖死罪，或改處以宮刑。

但是，司馬遷繼父為史官之職。史官的職務和巫、易等職務相當，並沒有錢來為自己贖罪；而當時的武帝要將司馬遷處死，就如同九牛亡一毛一樣，與處死一隻螻蟻有什麼不同呢？

然而，如果司馬遷因為如此而真的被處死，就死得太沒意義了，所以，他寧可被處宮刑，而苟延殘喘的繼續以他史官的筆，來寫出自己眼中的史事。

一九八、司馬遷不能就死刑的原因

齊太史書曰、崔杼弒莊公。崔杼殺之。其弟復書。崔杼復殺之。少弟復書。崔杼乃舍之。（齊太公世家）

司馬遷自己說他的祖先在漢代，並沒有什麼世襲的官爵，而像太史、太樂、太祝、太卜、太醫等都是被君王所戲弄，一般人所輕視的對象。他正是史官的後代，雖然沒有很高的地位，但史官的職責是神聖的，態度也是忠於真實的。

就像「在齊太史簡」裡的故事，崔杼把和自己妻子私通的齊君給殺了，史官記著「崔杼弒其君」，崔杼很不高興，殺了那史官，史官的弟弟仍如此的記載，因此也被殺，他們最小的弟弟也照樣寫著，才沒有被殺。這個歷史的事實才被保留了。

做為史官，要忠於歷史的真實，司馬遷為李陵辯是基於此，他寧可受宮刑的恥辱，而苟且偷生，也正是為著要將真實的歷史流傳的緣故。

一九九、就極刑而著書

猛虎在深山、百獸震恐、及在檻阱之中、搖尾而求食。

（『文選』報任少卿書）

猛虎居處在深山裡，其他所有的野獸都怕牠，可是牠一旦被關在籠檻裡了，搖尾求取食物，日子久了，牠當初百獸之王的威風就會漸漸消失了。

當司馬遷手足交縛，綁在木枷上，暴露著肌膚受刑，然後被幽囚在監獄中，那時，見到獄吏就猛叩頭，看到獄中的書記，心中就害怕，為什麼會如此呢?就是因為以前的威嚴已漸漸消失了。到了這個地步，如果說不感到屈辱的人，恐怕是所謂要面子的人，那裡還能說得上高貴呢？

古人富貴而名不傳的，不知有多少，所以聖賢發憤才會寫作。又有人心中有所鬱結，無可宣洩，所以也都從事論述。如左丘無目，孫子斷足，沒有出仕的機會，退而論書策。這些正是司馬遷所要效法的對象。

二〇〇、死有重於泰山

人固有一死。或重於泰山、或輕於鴻毛、用之所趨異也。

（『文選』報任少卿書）

人生在世，誰能免於一死呢？只是有人的死，其價值重於泰山；有人的死，卻輕於鴻毛的不值，這是看一個人的人生態度來決定的。

如果以受辱的程度來分：最上的是不使祖先受辱；第二是不使肌膚容色受辱；第三是不使言辭受折辱；第四是跪地受辱；第五是換穿囚服受辱；第六是被木棍或繩索貫穿受辱；第七是剔去毛髮使鐵鉗繞頸受辱；第八是斬斷肢體受辱；而最恥辱

的就是受到腐臭的宮刑！

司馬遷因受父親的遺命，網羅天下放失舊聞，考究其行事，綜其終始，以記其成敗興壞，希望究天人之際，通古今之變，完成一家之言。但是，書未完成，就因李陵事件，而遭受宮刑大辱，為此書之未成，所以就極刑而無慍色，無非是願書成之後，能藏諸名山，傳之其人，而並不是像他自己所說的貪生惡死。

《小知識四》

劍是兩刃的

在古今歷史中，劍一直扮演著重要的角色。只是一邊有刃的武器叫刀；如果兩面都有刃的，就叫做劍。因為劍具有兩刃，所以在殺害對方的同時，也往往使自己也被傷害到。劍不僅被用作殺人的武器，也同時被人用作自殺的工具。自刎是以劍砍自己的頸項自殺的方式；伏劍是以劍刺胸而死的自殺方式，如趙襄子是以伏劍的方式自殺。

俗語所說的兩刃之劍，就是指劍不僅可以作殺人的武器，也被用作自殺的工具而言，不僅劍是如此，凡兩刃的武器，都是既可傷人，又會傷了自己的，劍只是個代表而已。

『史記』相關年表

紀元前	事項
十八世紀末	湯伐夏桀王，建立殷王朝。
約一一〇〇年	武王伐紂，建立周王朝。
	伯夷、叔齊。
七七〇年	平王遷都於洛陽。（東周開始）
七二二年	（春秋時代開始）
六六七年	齊桓公被周天子認作霸者。管仲死於紀元前六四五年。
五五一年	孔子生於魯。
五一七年	魯的三桓氏攻昭公，昭公亡命於齊。
五〇〇年	魯、齊在夾谷會盟。孔子活躍。
	孔子離魯。（前四九八年）
四九六年	吳王闔廬敗於越王句踐，闔廬死。
四九四年	吳王夫差破越王句踐。句踐苦於會稽。
四七九年	孔子死。顏回歿（前四八九年）。子路歿（前四八〇年）
四七三年	越王句踐破吳王夫差，並迫其自殺。
四〇三年	（戰國時代開始）
三四一年	齊田忌於馬陵破魏軍。
三三三年	蘇秦合縱計策成功，為六國之相。（前三三二年合縱計策崩潰。）
二九九年	屈原死於汨羅。
二九八年	孟嘗君自秦逃回。
二八四年	齊田單以火牛之計擊退燕。

二六〇年	齊於長平破趙，將四十餘萬軍埋於坑。
二五六年	楚滅魯。
二四六年	秦王政即位。呂不韋活躍。
二二一年	（秦的興盛）秦統一天下，秦王政稱始皇帝。
二一九年	始皇帝封禪於泰山。
二一二年	焚書坑儒。
二一〇年	始皇帝歿，么子胡亥即位為二世皇帝。
二〇九年	陳勝於楚起兵。（前二〇八年歿）
二〇六年	項羽、劉邦會於鴻門。
二〇二年	（漢興盛）劉邦破天下兩分之協定。項羽自刎。劉邦即位為帝。
一九五年	高祖歿。惠帝立。
一八八年	惠帝歿。呂后掌權，將諸呂封為王。
一八〇年	呂后歿。周勃等討伐諸呂，立文帝。
一五七年	文帝歿。景帝立。
一四五年	司馬遷出生。
一四一年	景帝歿。武帝立。
一三八年	張騫出使大月氏。
一二九年	衛青、李廣於上谷，討伐入侵之匈奴。
一二六年	張騫從西域回國。
一二一年	霍去病討伐匈奴，匈奴混邪王投降。
一二〇年	張騫再赴西域。
一一五年	張騫回歸。
九九年	李陵軍和匈奴大軍遭遇，李陵軍敗，投降。司馬遷為李陵辯護，被處以宮刑。
八七年	武帝歿。司馬遷歿（前八六年？）。

大展出版社有限公司 品 冠 文 化 出 版 社	圖書目錄

地址：台北市北投區（石牌）
致遠一路二段 12 巷 1 號
郵撥：01669551＜大展＞
19346241＜品冠＞
電話：(02) 28236031
28236033
28233123
傳真：(02) 28272069

・少 年 偵 探・品冠編號 66

1. 怪盜二十面相 （精） 江戶川亂步著 特價 189 元
2. 少年偵探團 （精） 江戶川亂步著 特價 189 元
3. 妖怪博士 （精） 江戶川亂步著 特價 189 元
4. 大金塊 （精） 江戶川亂步著 特價 230 元
5. 青銅魔人 （精） 江戶川亂步著 特價 230 元
6. 地底魔術王 （精） 江戶川亂步著 特價 230 元
7. 透明怪人 （精） 江戶川亂步著 特價 230 元
8. 怪人四十面相 （精） 江戶川亂步著 特價 230 元
9. 宇宙怪人 （精） 江戶川亂步著 特價 230 元
10. 恐怖的鐵塔王國 （精） 江戶川亂步著 特價 230 元
11. 灰色巨人 （精） 江戶川亂步著 特價 230 元
12. 海底魔術師 （精） 江戶川亂步著 特價 230 元
13. 黃金豹 （精） 江戶川亂步著 特價 230 元
14. 魔法博士 （精） 江戶川亂步著 特價 230 元
15. 馬戲怪人 （精） 江戶川亂步著 特價 230 元
16. 魔人銅鑼 （精） 江戶川亂步著 特價 230 元
17. 魔法人偶 （精） 江戶川亂步著 特價 230 元
18. 奇面城的秘密 （精） 江戶川亂步著 特價 230 元
19. 夜光人 （精） 江戶川亂步著 特價 230 元
20. 塔上的魔術師 （精） 江戶川亂步著 特價 230 元
21. 鐵人Ｑ （精） 江戶川亂步著 特價 230 元
22. 假面恐怖王 （精） 江戶川亂步著 特價 230 元
23. 電人Ｍ （精） 江戶川亂步著 特價 230 元
24. 二十面相的詛咒 （精） 江戶川亂步著 特價 230 元
25. 飛天二十面相 （精） 江戶川亂步著 特價 230 元
26. 黃金怪獸 （精） 江戶川亂步著 特價 230 元

・生 活 廣 場・品冠編號 61

1. 366 天誕生星 李芳黛譯 280 元
2. 366 天誕生花與誕生石 李芳黛譯 280 元
3. 科學命相 淺野八郎著 220 元

4. 已知的他界科學　陳蒼杰譯　220 元
5. 開拓未來的他界科學　陳蒼杰譯　220 元
6. 世紀末變態心理犯罪檔案　沈永嘉譯　240 元
7. 366 天開運年鑑　林廷宇編著　230 元
8. 色彩學與你　野村順一著　230 元
9. 科學手相　淺野八郎著　230 元
10. 你也能成為戀愛高手　柯富陽編著　220 元
11. 血型與十二星座　許淑瑛編著　230 元
12. 動物測驗—人性現形　淺野八郎著　200 元
13. 愛情、幸福完全自測　淺野八郎著　200 元
14. 輕鬆攻佔女性　趙奕世編著　230 元
15. 解讀命運密碼　郭宗德著　200 元
16. 由客家了解亞洲　高木桂藏著　220 元

・女醫師系列・品冠編號 62

1. 子宮內膜症　國府田清子著　200 元
2. 子宮肌瘤　黑島淳子著　200 元
3. 上班女性的壓力症候群　池下育子著　200 元
4. 漏尿、尿失禁　中田真木著　200 元
5. 高齡生產　大鷹美子著　200 元
6. 子宮癌　上坊敏子著　200 元
7. 避孕　早乙女智子著　200 元
8. 不孕症　中村春根著　200 元
9. 生理痛與生理不順　堀口雅子著　200 元
10. 更年期　野末悅子著　200 元

・傳統民俗療法・品冠編號 63

1. 神奇刀療法　潘文雄著　200 元
2. 神奇拍打療法　安在峰著　200 元
3. 神奇拔罐療法　安在峰著　200 元
4. 神奇艾灸療法　安在峰著　200 元
5. 神奇貼敷療法　安在峰著　200 元
6. 神奇薰洗療法　安在峰著　200 元
7. 神奇耳穴療法　安在峰著　200 元
8. 神奇指針療法　安在峰著　200 元
9. 神奇藥酒療法　安在峰著　200 元
10. 神奇藥茶療法　安在峰著　200 元
11. 神奇推拿療法　張貴荷著　200 元
12. 神奇止痛療法　漆 浩 著　200 元

・常見病藥膳調養叢書・品冠編號 631

1. 脂肪肝四季飲食　蕭守貴著　200 元
2. 高血壓四季飲食　秦玖剛著　200 元
3. 慢性腎炎四季飲食　魏從強著　200 元
4. 高脂血症四季飲食　薛輝著　200 元
5. 慢性胃炎四季飲食　馬秉祥著　200 元
6. 糖尿病四季飲食　王耀獻著　200 元
7. 癌症四季飲食　李忠著　200 元

・彩色圖解保健・品冠編號 64

1. 瘦身　主婦之友社　300 元
2. 腰痛　主婦之友社　300 元
3. 肩膀痠痛　主婦之友社　300 元
4. 腰、膝、腳的疼痛　主婦之友社　300 元
5. 壓力、精神疲勞　主婦之友社　300 元
6. 眼睛疲勞、視力減退　主婦之友社　300 元

・心 想 事 成・品冠編號 65

1. 魔法愛情點心　結城莫拉著　120 元
2. 可愛手工飾品　結城莫拉著　120 元
3. 可愛打扮 & 髮型　結城莫拉著　120 元
4. 撲克牌算命　結城莫拉著　120 元

・熱 門 新 知・品冠編號 67

1. 圖解基因與 DNA　（精）　中原英臣 主編　230 元
2. 圖解人體的神奇　（精）　米山公啟 主編　230 元
3. 圖解腦與心的構造　（精）　永田和哉 主編　230 元
4. 圖解科學的神奇　（精）　鳥海光弘 主編　230 元
5. 圖解數學的神奇　（精）　柳 谷 晃 著　250 元
6. 圖解基因操作　（精）　海老原充 主編　230 元
7. 圖解後基因組　（精）　才園哲人 著　230 元

・法律專欄連載・大展編號 58

台大法學院　法律學系／策劃
法律服務社／編著

1. 別讓您的權利睡著了(1)　200 元
2. 別讓您的權利睡著了(2)　200 元

・武 術 特 輯・大展編號 10

1. 陳式太極拳入門　馮志強編著　180 元

2. 武式太極拳	郝少如編著	200 元
3. 練功十八法入門	蕭京凌編著	120 元
4. 教門長拳	蕭京凌編著	150 元
5. 跆拳道	蕭京凌編譯	180 元
6. 正傳合氣道	程曉鈴譯	200 元
~~7. 圖解雙節棍~~	~~陳銘遠著~~	~~150 元~~
8. 格鬥空手道	鄭旭旭編著	200 元
9. 實用跆拳道	陳國榮編著	200 元
10. 武術初學指南	李文英、解守德編著	250 元
11. 泰國拳	陳國榮著	180 元
12. 中國式摔跤	黃　斌編著	180 元
13. 太極劍入門	李德印編著	180 元
14. 太極拳運動	運動司編	250 元
15. 太極拳譜	清・王宗岳等著	280 元
16. 散手初學	冷　峰編著	200 元
17. 南拳	朱瑞琪編著	180 元
18. 吳式太極劍	王培生著	200 元
19. 太極拳健身與技擊	王培生著	250 元
20. 秘傳武當八卦掌	狄兆龍著	250 元
21. 太極拳論譚	沈　壽著	250 元
22. 陳式太極拳技擊法	馬　虹著	250 元
23. 二十四式/三十二式 太極拳/劍	闞桂香著	180 元
24. 楊式秘傳 129 式太極長拳	張楚全著	280 元
25. 楊式太極拳架詳解	林炳堯著	280 元
26. 華佗五禽劍	劉時榮著	180 元
27. 太極拳基礎講座：基本功與簡化 24 式	李德印著	250 元
28. 武式太極拳精華	薛乃印著	200 元
29. 陳式太極拳拳理闡微	馬　虹著	350 元
30. 陳式太極拳體用全書	馬　虹著	400 元
31. 張三豐太極拳	陳占奎著	200 元
32. 中國太極推手	張　山主編	300 元
33. 48 式太極拳入門	門惠豐編著	220 元
34. 太極拳奇人奇功	嚴翰秀編著	250 元
35. 心意門秘籍	李新民編著	220 元
36. 三才門乾坤戊己功	王培生編著	220 元
37. 武式太極劍精華 +VCD	薛乃印編著	350 元
38. 楊式太極拳	傅鐘文演述	200 元
39. 陳式太極拳、劍 36 式	闞桂香編著	250 元
40. 正宗武式太極拳	薛乃印著	220 元
41. 杜元化＜太極拳正宗＞考析	王海洲等著	300 元
42. ＜珍貴版＞陳式太極拳	沈家楨著	280 元
43. 24 式太極拳＋VCD	中國國家體育總局著	350 元
44. 太極推手絕技	安在峰編著	250 元
45. 孫祿堂武學錄	孫祿堂著	300 元

國家圖書館出版品預行編目資料

『史記』給現代人的啟示／陳羲編著
－初版－臺北市，大展，民 93
面；21 公分－（鑑往知來；2）
ISBN 957-468-306-0（平裝）
1. 史記－研究與考訂　2. 修身

192.1　93006118

（鑑往知來 2）

『史記』給現代人的啟示　ISBN 957-468-306-0

主　　編／陳　　羲
發 行 人／蔡　森　明
出 版 者／大展出版社有限公司
社　　址／台北市北投區（石牌）致遠一路 2 段 12 巷 1 號
電　　話／(02) 28236031・28236033・28233123
傳　　真／(02) 28272069
郵政劃撥／01669551
網　　址／www.dah-jaan.com.tw
E-mail／service@dah-jaan.com.tw
登 記 證／局版臺業字第 2171 號
承 印 者／國順文具印刷行
裝　　訂／協億印製廠股份有限公司
排 版 者／千兵企業有限公司
初版 1 刷／2004 年（民 93 年）7 月

定　價／220 元

一億人閱讀的暢銷書！

4 ～ 26 集　定價300元　特價230元

品冠文化出版社

地址：臺北市北投區
致遠一路二段十二巷一號
電話：〈02〉28233123
郵政劃撥：19346241